DES

OCTROIS MUNICIPAUX

TYPOGRAPHIE HENNUYER, RUE DU BOULEVARD, 7. BATIGNOLLES.
Boulevard extérieur de Paris.

DES
OCTROIS MUNICIPAUX

RÉSUMÉ

DES LOIS, DÉCRETS, ORDONNANCES,

AVIS DU CONSEIL D'ÉTAT, CIRCULAIRES ET DÉCISIONS MINISTÉRIELLES

Qui régissent cette matière,

SUIVI

DE PLUSIEURS MODÈLES ;

DU TARIF DE L'OCTROI DE LA VILLE DE PARIS ;

D'UN ÉTAT PRÉSENTANT LA SITUATION FINANCIÈRE DES PRINCIPALES COMMUNES ;

PAR M. BRAFF,

Sous-chef du Bureau de l'Administration et de la Comptabilité des Communes
au Ministère de l'Intérieur.

————

PARIS

AUGUSTE DURAND, LIBRAIRE,

RUE DES GRÈS-SORBONNE, 7.

1857

Ce petit travail est extrait, en très-grande partie, d'un ouvrage que nous avons publié tout récemment, sous le titre de : *Administration financière des communes* (1). Toutefois, nous y avons ajouté quelques développements que ne comportait pas le cadre de cet ouvrage.

Les octrois, dont le produit était destiné primitivement à subvenir aux besoins des hospices et des bureaux de bienfaisance (Loi du 27 vendémiaire an VII — 18 octobre 1798), constituent aujourd'hui la principale ressource d'un grand nombre de communes.

(1) Deux vol. in-8°. — Paris, 1857. — Chez Aug. Durand, libraire, rue des Grès-Sorbonne, 7.

Par une circulaire en date du 10 juin 1857, Son Exc. M. le ministre de l'intérieur a bien voulu engager MM. les préfets à signaler cette publication parmi celles qui conviennent le mieux aux bibliothèques administratives.

a

L'octroi de Paris, qui ne rapportait, il y a soixante ans, que 8,600,000 francs (1), figure au budget de 1857 pour 42,500,000 francs. La même progression a eu lieu dans les principales villes de l'Empire.

On comprend, dès lors, l'importance de cette matière.

Les règlements et les tarifs doivent être préparés avec le plus grand soin, afin de ne pas faire peser sur les consommateurs des charges trop lourdes et de ne pas nuire à la production et à l'industrie par des taxes exagérées ; le mode de gestion doit être approprié aux localités ; la perception doit être assurée avec le moins de frais possible, et les maires doivent exercer une surveillance active sur toutes les opérations de recette et de dépense. Le personnel, les procès-verbaux, les transactions, les écritures des préposés et des receveurs doivent également attirer la plus sérieuse attention des magistrats municipaux.

Après avoir rappelé brièvement l'origine des octrois, nous avons eu à nous occuper, dans une série de chapitres, des taxes principales, des taxes additionnelles,

---

(1) Voir l'arrêté du directoire exécutif en date du 29 frimaire an VII (19 décembre 1798), concernant l'organisation de la régie chargée de percevoir l'octroi établi par la ville de Paris. — Les frais de perception, qui s'élevaient alors à 516,000 francs, atteignent aujourd'hui, d'après le budget de 1857, 2,700,000 francs.

des surtaxes sur les boissons, des règlements, des différents modes d'administration, du personnel, des pensions de retraite des employés, de la comptabilité et de l'instruction des affaires. Un *Appendice* contient plusieurs modèles, le tarif de l'octroi de la ville de Paris et un état indiquant : 1° le montant des recettes et des dépenses, tant ordinaires qu'extraordinaires, des villes dont le revenu est de cent mille francs et au-dessus ; 2° le produit brut et le produit net de l'octroi ; 3° le montant des frais de perception ; 4° le chiffre de la population. Nous y avons ajouté une table des matières très-détaillée.

DES

OCTROIS MUNICIPAUX

CHAPITRE PREMIER.

Origine. — Législation. — Règles générales.

Origine. — L'octroi est un impôt indirect et local perçu à l'entrée des villes et communes sur divers objets de consommation intérieure, et destiné à subvenir aux dépenses communales, en cas d'insuffisance des revenus ordinaires.

Il ne faut pas confondre le droit d'octroi avec les droits d'entrée que le gouvernement perçoit sur les boissons dans les villes d'une certaine population.

L'origine des taxes de consommation remonte à une époque reculée. Déjà, sous Louis le Jeune, plusieurs communes percevaient des droits sur l'arrivage et l'entrée de certaines denrées. Le mot d'*octroi* vient de ce que les villes, obligées de solliciter du roi la permission de s'imposer, en obtenaient l'autorisation par des lettres patentes où se trouvaient ces expressions : *Avons octroyé et octroyons* à ladite ville le droit de percevoir, etc.

Mais, à cette époque, le produit des taxes n'était pas, comme aujourd'hui, spécialement affecté aux dépenses des communes ; l'État en percevait souvent une grande partie. Charles IX, en 1561, établit un droit d'octroi, au profit du Trésor royal, à l'entrée des villes du royaume; en 1648, sous la régence et sous l'administration de Mazarin, la moitié de l'octroi des communes était appliquée aux besoins du Trésor.

Jusqu'en 1852, les octrois profitaient à l'Etat par le prélèvement, en sa faveur, du dixième des produits; mais ce prélèvement de dix pour cent, autorisé par la loi du 28 avril 1816, a été supprimé par le décret du 17 mars 1852.

Législation. — L'Assemblée constituante supprima les octrois par un décret du 19 février 1791. Mais la gêne dans laquelle se trouvèrent les communes les détermina bientôt à en demander le rétablissement. La loi du 9 germinal an V, prévoyant le cas où les centimes ou sous additionnels de la contribution personnelle et mobilière ne suffiraient pas pour couvrir les dépenses, tant des administrations municipales de canton que des administrations communales, déclarait qu'il pourrait être pourvu à un supplément de revenu jugé nécessaire par l'administration centrale du département au moyen de *contributions indirectes et locales*, dont l'établissement et la perception toutefois ne pouvaient être autorisés que par le *Corps législatif*, à peine de concussion. Le 24 vendémiaire an VII, une résolution du Conseil des cinq-cents, approuvée le 27 par le Conseil des anciens, établissait un octroi pour la ville de Paris; le 5 ventôse an VIII, une loi accordait au *gouvernement* le droit d'approuver l'établissement et les tarifs d'octroi dans toute l'étendue de la France.

Un arrêté du 13 thermidor an VIII décida que les tarifs et règlements seraient approuvés d'abord provisoirement par le ministre de l'intérieur, puis soumis à l'approbation définitive des consuls.

Le premier règlement général sur la matière est le

décret du 17 mai 1809, qui attribua à la régie des contributions indirectes la haute surveillance des octrois.
Ce décret présenta pour la première fois, dans un ordre clair, les dispositions relatives aux matières soumises aux droits et aux règlements locaux. Il renferme
14 titres qui traitent successivement : 1° de l'établissement des octrois ; 2° des octrois ; 3° des perceptions ;
4° du passe-debout ; 5° du transit ; 6° de l'entrepôt ;
7° des dispositions générales sur les passe-debout,
transit et entrepôt ; 8° des crédits et restitutions ; 9° de
l'administration des octrois ; 10° des rapports des octrois avec les droits réunis ; 11° du personnel ; 12° de
la comptabilité ; 13° du contentieux ; 14° des dispositions générales.

Un décret du 8 février 1812 chargea l'administra-
des droits réunis de la perception des octrois. Mais ce
décret fut bientôt modifié, à son tour, par la loi du 8
décembre 1814, qui, par son article 121, fit rentrer
l'administration directe et la perception des octrois
dans les attributions des maires, sous la surveillance
immédiate des sous-préfets et sous l'autorité du gouvernement. Toutefois, les communes conservaient la
faculté de confier leur octroi à l'administration des contributions indirectes, au moyen de traités de gré à gré.

L'ordonnance du 9 décembre 1814, dont un grand
nombre de dispositions sont encore en vigueur, présenta, dans un seul et même règlement, toutes les
mesures d'exécution dérivant des lois et règlements
antérieurs.

Mais le système de 1814 fut de nouveau modifié par
la loi du 8 avril 1816, qui permit d'affermer l'octroi
ou de le mettre en régie intéressée. Cette loi attribua
en même temps aux maires le droit de présenter à la

nomination du ministre des finances le préposé en chef qui, depuis le décret du 25 mars 1852, est nommé par le préfet. En outre, elle défendit d'élever les droits d'octroi au-dessus des droits d'entrée perçus au profit du Trésor.

Règles générales. — D'après l'article 147 de la loi du 28 avril 1816, lorsque les revenus d'une commune sont insuffisants pour ses dépenses, il peut y être établi, sur la demande du conseil municipal, un droit d'octroi sur les consommations. La désignation des objets imposés, le tarif, le mode et les limites de la perception sont délibérés par le Conseil municipal et réglés de la même manière que les revenus communaux. Dans tous les cas, la perception se fait sous la surveillance du maire, du sous-préfet et du préfet.

Les octrois n'offrant quelque importance que dans les communes ayant une certaine population, il est d'usage de ne les autoriser que dans les communes renfermant au moins 4,000 habitants.

Les taxes principales constituent un revenu permanent qui, d'après la jurisprudence du Conseil d'Etat, doit être employé à équilibrer le budget (1), à assurer les services *ordinaires* des communes et non à subvenir

---

(1) Aux termes d'un décret du 7 octobre 1807, le produit des taxes d'octroi devait figurer au budget, sous un article ainsi conçu :

    Produit brut de l'octroi. . . . .
    Frais de perception. . . . . . .
       Produit *net.* . . . . .

Mais aujourd'hui les frais de perception sont portés au chapitre des *dépenses ordinaires*, et le produit *brut* figure seul au chapitre des recettes.

On ne doit inscrire parmi les recettes ordinaires que le produit des taxes *principales*, qui constitue un revenu permanent. Quant aux *taxes additionnelles*, qui ne sont qu'une ressource transitoire, elles doivent figurer parmi les recettes extraordinaires.

à des dépenses extraordinaires et purement accidentelles. Pour cette dernière nature de dépenses, il convient
de recourir, à moins d'empêchement absolu, à des
ressources également extraordinaires et temporaires,
telles que des impositions ou des taxes additionnelles
à l'octroi, dont la durée est ordinairement limitée à cinq
ou six ans au plus. (V. circ. du 24 juin 1856.)

La durée des taxes principales est ordinairement
fixée à dix années.

Le Conseil d'Etat n'autorise , en général, la création
des octrois et les révisions de tarifs, votées en vue
d'augmenter les revenus, que lorsque les communes
font usage des centimes spéciaux que la loi met à leur
disposition pour le service de l'instruction primaire,
l'entretien des chemins vicinaux et le payement du salaire des gardes champêtres.

Un arrêté du 13 thermidor an VIII permet à l'autorité administrative de faire des modifications aux
éléments du tarif ; mais cet arrêté est tombé en désué-
tude. Le gouvernement peut, toutefois, lorsqu'il le juge
convenable, faire subir aux règlements et tarifs les modifications nécessaires pour les mettre en harmonie
avec les lois et règlements généraux sur la matière,
même en ce qui concerne la fixation du rayon soumis
aux droits ; il peut même restreindre les taxes votées,
mais il ne peut ajouter au tarif des objets que les conseils municipaux n'ont pas proposé de soumettre à la
perception. (Avis du Conseil d'Etat, 24 août 1836.)

Les tarifs d'octroi ne peuvent être mis à exécution
que lorsqu'ils ont été approuvés par l'autorité supérieure et revêtus de l'homologation en forme de décret ;
ils ne peuvent être révisés qu'en vertu de décisions
émanant de la même autorité.

L'ordonnance du 9 décembre 1814 conférait au gouvernement le droit d'établir des octrois d'office. Mais cette disposition n'est plus appliquée aujourd'hui, parce qu'elle a été reconnue inconciliable avec les principes introduits dans la législation postérieure, notamment dans la loi du 28 avril 1816 qui, par son article 147, consacre la liberté du vote des Conseils municipaux sur ce point. (Inst. min.) — Il n'est pas non plus au pouvoir de l'administration de proposer d'office le maintien des perceptions. L'article 87 de l'ordonnance du 9 décembre 1814, portant que les droits continueront à être perçus jusqu'à ce que la suppression de l'octroi ait été autorisée, ou jusqu'à la mise à exécution du mode de remplacement, a été abrogé implicitement par la loi du 28 avril 1816. C'est aux Conseils municipaux seuls qu'appartient l'initiative des demandes de l'espèce. (Inst. min.)

Les taxes d'octroi doivent être en rapport avec la valeur vénale des objets qu'elles doivent frapper.

Les préfets doivent veiller à ce que les objets portés aux tarifs d'octroi soient, autant que possible, taxés au même droit dans les communes d'une même population. (Ord. 9 déc. 1814, art. 100.)

Cette uniformité, essentielle à conserver dans la quotité des droits, est facile à obtenir, puisque, si les besoins d'une commune sont moins considérables que ceux d'une commune voisine, on peut comprendre moins d'objets sur le tarif, et laisser subsister un taux uniforme pour ceux qui y sont compris. (Inst. min.)(1).

---

(1) La solution des affaires est souvent retardée, parce que les Conseils municipaux présentent des propositions incompatibles avec les lois

L'autorisation préalable qui, aux termes de l'article 8 de l'ordonnance du 9 décembre 1814, devait être demandée au ministre de l'intérieur pour qu'un conseil municipal pût délibérer au sujet des octrois, n'est plus nécessaire. L'article 8 précité a été implicitement abrogé par l'article 19, n° 2, de la loi du 18 juillet 1837, qui autorise les Conseils municipaux à délibérer sur les tarifs et règlements de perception de tous les revenus communaux.

---

qui régissent la perception des octrois. Les communes croient pouvoir s'isoler du système général d'administration, et voient dans leur octroi, tantôt une sorte de droit de douane destiné à protéger l'industrie intérieure de la commune contre l'introduction des matières fabriquées au dehors, tantôt un moyen de police pour faciliter les mesures de surveillance sur les consommations locales, et empêcher, par l'élévation du droit, l'introduction d'objets qu'il serait difficile d'examiner; presque toujours, enfin, une taxe uniquement appropriée aux intérêts locaux, et non un impôt soumis à des règles uniformes dans les intérêts généraux du pays, dont le produit seulement appartient à la commune, et qui ne peut être modifié en raison des convenances locales que dans la mesure où la loi l'a permis. L'octroi ne peut tendre à isoler une commune par ses prohibitions, car alors il renouvellerait l'ancien abus des douanes intérieures; il ne doit pas non plus mettre obstacle à la circulation des produits que le commerce veut transporter d'un endroit dans un autre. (Circ. fin., 1er juin 1823.)

CHAPITRE II.

Tarifs.

Sous l'empire du décret du 17 mai 1809 et de l'ordonnance du 9 décembre 1814, les tarifs d'octroi ne devaient frapper que les denrées et marchandises comprises dans les cinq divisions suivantes: 1° boissons et liquides; 2° comestibles; 3° combustibles; 4° fourrages; 5° matériaux (1). De plus, l'ordonnance du

(1) Sont compris dans la première division les vins, vinaigres, cidres, poirés, bières, hydromels, eaux-de-vie, liqueurs et eaux spiritueuses. (Ord. du 9 décembre 1814, art. 12.)

Les eaux-de-vie et esprits doivent être divisés, pour la perception, d'après les degrés, conformément au tarif des droits d'entrée. Les eaux dites de Cologne, de la reine de Hongrie, de mélisse et autres dont la base est l'alcool, doivent être tarifées comme les liqueurs. (Ord. préc., art. 13.)

Sont compris dans la deuxième division les objets servant habituellement à la nourriture des hommes, à l'exception toutefois des grains et farines, fruits, beurre, lait, légumes et autres menues denrées. (Ord. préc., art. 10.) Ne sont point compris dans ces exceptions les fruits secs et confits, les pâtes, les oranges, les limons et citrons, lorsque ces objets sont introduits dans les villes en caisses, tonneaux, barils, paniers ou sacs, ni le beurre et les fromages venant de l'étranger. Les coquillages, le poisson de mer frais, sec ou salé, de toute espèce, et celui d'eau douce, peuvent être assujettis aux droits d'octroi suivant les usages locaux, soit à raison de leur valeur vénale, soit à raison du nombre ou du poids, soit par paniers, barils ou tonneaux. (Ord. préc., art. 16, 17 et 19.)

Sont compris dans la troisième division : 1° toute espèce de bois à brûler, les charbons de bois et de terre, la houille, la tourbe, et généralement toutes les matières propres au chauffage; 2° les suifs, cires et huiles à brûler. (Ord. préc., art. 20.)

La quatrième division comprend les pailles, foins et tous les fourrages

9 décembre 1814 exemptait du droit certains objets, tels que les grains et farines, les fruits, le beurre, le lait, les légumes. Mais un arrêt de la Cour de cassation, en date du 18 juillet 1834, a décidé que l'article 147 de la loi du 28 avril 1816 contient une abrogation implicite des dispositions tant de l'article 55 de la loi du 11 frimaire an VII, que de l'article 24 du décret du 17 mai 1809 et de l'article 16 de l'ordonnance du 9 décembre 1814. En conséquence de cet arrêt, la ville de Marseille, qui l'avait d'ailleurs provoqué, put être autorisée à percevoir un droit sur les farines (1); d'autres villes soumirent aux tarifs des objets jusqu'alors affranchis; enfin, les droits ont pu frapper tous les objets consommés dans les lieux sujets (2).

---

verts ou secs, de quelque nature, espèce ou qualité qu'ils soient. Le droit doit être réglé par botte ou au poids. (Ord. préc., art. 21.)

Sont compris dans la cinquième division les bois, soit en grume, soit équarris, façonnés ou non, propres aux charpentes, constructions, menuiserie, ébénisterie, tour, tonnellerie, vannerie et charronnage. Y sont également compris les pierres de taille, moellons, pavés, ardoises, tuiles de toute espèce, briques, craies et plâtre. (Ord. préc., art. 22.)

Pour toutes les matières désignées ci-dessus, les droits doivent être imposés par hectolitre, kilogramme, mètre cube ou carré, ou stère, ou par fractions de ces mesures; cependant, lorsque les localités ou la nature des objets l'exigent, le droit peut être fixé au cent ou au millier, ou par voiture, charge ou bateau. (Ord. préc., art. 23.)

Les objets récoltés, préparés ou fabriqués dans l'intérieur d'un lieu soumis à l'octroi, ainsi que les bestiaux qui y sont abattus, seront toujours assujettis par le tarif au même droit que ceux introduits de l'extérieur. (Ord. préc., art. 24.)

(1) L'arrêt de la Cour de cassation tranche la question de légalité du droit; mais il n'a fallu rien moins qu'une impérieuse nécessité pour déterminer l'administration supérieure à consentir, même à titre de perception temporaire, l'établissement d'une taxe qui frappe plus spécialement sur la nourriture du pauvre. Le gouvernement se fait un devoir de maintenir, autant que possible, les farines franches de tout impôt. (Instr. min.)

(2) Pour étendre, en cas de nécessité absolue, la perception à des

D'après les lois et règlements sur la matière, les droits ne doivent être établis que sur les denrées destinées à la *consommation locale*, à la *consommation des habitants*. Quelques Conseils municipaux ayant établi des droits d'octroi sur des objets servant à la fabrication de produits devant entrer dans le commerce général, la Cour de cassation, saisie de cette question, décida plusieurs fois que par les mots de consommation locale, consommation des habitants, il fallait entendre seulement la consommation nécessaire à la satisfaction des besoins personnels des habitants. Mais, depuis, la Cour a décidé que la loi ne distinguait pas, que tous les objets consommés dans une commune pouvaient être soumis au régime de l'octroi, et qu'aux Conseils municipaux seuls appartenait le droit de prendre les mesures nécessaires pour protéger, suivant le vœu de la loi du 11 frimaire an VII, les intérêts du commerce et de l'industrie.

Revenant sur la jurisprudence qu'elle avait établie précédemment, notamment par un arrêt du 27 novembre 1844, la Cour de cassation a décidé, par un arrêt du 8 mars 1848. que les houilles ou charbons employés pour l'alimentation des usines peuvent être soumis aux droits d'octroi, comme étant destinés à la consommation locale, dans laquelle on doit comprendre même les choses destinées à la consommation industrielle.

---

articles pris en dehors des cinq divisions énumérées par l'ordonnance. du 9 décembre 1814, il faut que les Chambres de commerce soient préalablement consultées, et qu'on n'atteigne pas, en réalité, des articles d'industrie et de commerce général. — Ces Chambres doivent être également consultées sur la fixation des droits de magasinage dans les entrepôts. (Circ. fin., **25 septembre 1809**; arrêté du **27 juillet 1813.**).

Par un autre arrêt du 11 février 1846, la Cour avait aussi jugé que les sucres destinés à la fabrication des liqueurs et au commerce général ne sont pas sujets aux droits d'octroi ; mais, d'après l'arrêt du 8 mars 1848, il faut conclure qu'il n'y a aucune distinction à faire entre les objets destinés à la consommation industrielle et ceux destinés à la consommation des habitants.

Le droit n'est donc plus contesté au fond ; mais l'exercice de ce droit est subordonné aux appréciations de l'autorité supérieure, qui s'oppose ordinairement à ce que les Conseils municipaux comprennent dans les tarifs les objets qui ne sont pas destinés à la consommation même du lieu sujet, et les articles employés à la fabrication des produits destinés au commerce général.

Charbons. En ce qui concerne les charbons, il faut distinguer entre ceux qui servent à la consommation domestique et ceux qui servent à des usages industriels. D'après la jurisprudence du Conseil d'État sur la matière, le gouvernement ne pourrait que repousser, en principe, toute demande ayant pour objet d'imposer les charbons destinés à l'exploitation des établissements industriels. En effet, plusieurs avis du Conseil d'Etat ont reconnu que l'exemption du droit d'octroi pour les charbons servant aux fabrications du commerce général était commandée par l'article 148 de l'ordonnance du 28 avril 1816. D'un autre côté, le prix plus élevé des charbons influe sur un grand nombre de nos produits fabriqués, et si le gouvernement s'est privé d'un certain revenu, en abaissant autant que possible les droits de douanes à l'entrée des houilles, il y aurait un abus véritable et un tort porté à l'industrie, si les villes manufacturières pouvaient renchérir ce combustible par des surtaxes d'octroi (1).

Dans la pratique, pour arriver à la distinction des charbons employés aux fabrications du commerce général de ceux destinés à la consommation locale, on admet les premiers à l'entrepôt, et on considère ensuite la justification d'emploi comme équivalente à une justification d'exportation. L'administration supérieure introduit ordinairement un article conçu dans ce sens dans tous les règlements d'octroi, souvent malgré la résistance des Conseils municipaux.

Bestiaux. Les droits d'octroi sur les bestiaux de toute espèce doivent être établis à raison du *poids* des animaux et perçus au kilogramme. Néanmoins, ces mêmes droits peuvent rester fixés par tête pour les octrois où la taxe sur les bœufs n'excède pas huit francs. (L. du 10 mai 1846, art. 1er.)

La *viande* dite *à la main* ou par quartiers ne peut pas être soumise, à l'entrée dans les villes, à un droit supérieur aux droits d'abattoir et d'octroi sur les bestiaux de toute espèce. (Loi préc., art. 5.) La viande dépecée jouit même ordinairement, dans les tarifs, de certains ménagements accordés en vue de faciliter l'alimentation des classes pauvres, et il faut reconnaître, en effet, que l'introduction de la viande à la main est un moyen très-puissant d'assurer, par la concurrence,

---

(1) *Charbons. — Chemins de fer.* — L'exemption du droit d'octroi accordée par le règlement d'une ville aux charbons de terre employés dans les établissements industriels, à la préparation des produits destinés au commerce général, ne s'applique pas aux charbons consommés dans la gare d'un chemin de fer, soit pour le chauffage des bureaux, soit pour le chauffage de la machine destinée à fournir de l'eau, soit pour le chauffage des locomotives de service transportant les voyageurs ou marchandises, soit même pour le chauffage des locomotives de secours. (Arr. cass., 7 janvier 1852.)

un abaissement du prix de vente. (lnstr. minist.) (1).

Boissons. *Vins, cidres, poirés, hydromels.* — L'article 149 de la loi du 28 avril 1816 porte que les droits d'octroi qui seront établis à l'avenir sur les boissons ne pourront excéder ceux qui seront perçus aux entrées des villes au profit du Trésor; que si une exception à cette règle devient nécessaire, elle ne pourra avoir lieu qu'en vertu d'une ordonnance spéciale du roi. Ainsi, la loi de 1816, de même que la loi du 5 ventôse an VII, l'arrêté du 13 thermidor an VIII et l'ordonnance du 9 décembre 1814, n'assujettissait l'établissement des droits d'octroi et même la création des *surtaxes* qu'aux formalités d'une simple ordonnance royale. Mais la loi du 11 juin 1842, portant fixation des recettes pour l'exercice 1843, a abrogé l'article 149 précité, et posé de nouvelles règles pour l'établissement des octrois, pour la limite des taxes et pour la suppression, dans un temps donné, des surtaxes existantes.

L'article 8 de la loi du 11 juin 1842 dispose qu'à l'avenir l'établissement des taxes votées par les conseils municipaux, la modification de celles qui existent, ainsi que les règlements relatifs à leur perception seront autorisés par ordonnances royales rendues *dans la forme des règlements d'administration publique.* L'article 9 consacre de nouveau le principe du maximum

---

(1) Pour établir dans une proportion exacte avec le droit perçu au poids sur l'animal vivant le droit à percevoir sur la viande dépecée ou par quartiers, il est nécessaire de connaître quelle déduction le poids subit à l'abatage, c'est-à-dire quelle est la partie de viande comestible qui reste de l'animal après la distraction des parties qui n'entrent pas dans la consommation alimentaire. Il est certain, en effet, que si un bœuf pesant 300 kilogrammes paye un droit de 15 fr., aujourd'hui que la taxe est réglée par tête, ce qui, par suite de la transformation, fera fixer le droit de l'animal sur pied à 5 centime le kilogramme, ce droit

des taxes d'octroi sur les boissons, et n'autorise d'exception qu'en vertu d'une loi (1). Il porte que les droits d'octroi sur les boissons ne peuvent excéder ceux qui sont perçus aux entrées des villes au profit du Trésor (décime non compris), et que, dans les communes

---

de 5 centimes devra être augmenté, pour la viande à la main, dans la proportion de la diminution qu'aura subie, après l'abatage, le poids de viande à soumettre à la consommation alimentaire. Si le bœuf pesant 300 kilogrammes et payant 15 francs de droit ne présente plus, après distraction des abats et issues, qu'un poids de viande comestible de 200 kilogrammes, le droit de 15 fr. devra être réparti sur ces 200 kilogrammes. Ainsi, dans un octroi où les circonstances qui viennent d'être présentées comme exemple existeraient, le droit par kilogramme, pour le bœuf sur pied, devrait être de 5 centimes, et le droit sur la viande dépecée devrait être fixé à 7 cent. 50 le kilogr. (Circ. fin., 11 mai 1846.)

(1) On avait même demandé, au sein de la Commission de la Chambre des députés, l'abrogation immédiate et complète de cette faculté laissée aux villes de voter des surtaxes sur les boissons. On a soutenu que ces surtaxes attaquent un triple intérêt, qu'il était du devoir du législateur de protéger : l'intérêt du Trésor, qui veut que les forces contributives ne soient pas épuisées par des prélévements exagérés en faveur de services purement locaux ; l'intérêt des producteurs, sur lesquels la force des choses rejette en grande partie la charge de l'impôt ; l'intérêt des populations, qui, par l'élévation du droit d'octroi, sont obligées de réduire leur consommation. Quand une taxe est établie au profit de l'Etat sur une matière d'un usage général, le tarif doit en être calculé de telle sorte qu'elle n'excède nulle part les limites auxquelles elle peut être portée sans nuire essentiellement à la consommation, et, par conséquent, à la production ; mais si des taxes locales sont tolérées ensuite sur la même matière, l'équilibre est aussitôt dérangé, toutes les combinaisons sont faussées. En vain dira-t-on que ce sont les contribuables qui s'imposent volontairement ; il ne s'agit pas seulement de mesurer les charges des contribuables, il s'agit aussi de défendre les intérêts du producteur, et de mettre le revenu public hors d'atteinte. Ces considérations sont puissantes ; mais la Commission devait aussi se préoccuper de la situation financière de certaines villes : elle savait que les plus considérables par leur population n'avaient de revenu principal que dans le produit de l'octroi ; elle ne pouvait donc avoir la pensée de jeter une véritable perturbation dans l'administration financière de ces communes. (Rapport à la Chambre des députés.)

non soumises au droit d'entrée, le droit d'octroi ne
peut dépasser le droit d'entrée déterminé par la loi
pour les villes d'une population de 4,000 âmes. Enfin,
l'article 10 statue que la perception des surtaxes alors
existantes cessera de plein droit au 31 décembre 1852.

Avant que la loi du 11 juin 1842 reçût son application, le décret du 17 mars 1852 réduisit de moitié les
droits d'entrée établis au profit du Trésor. Par suite de
la corrélation établie en 1842 entre le droit d'entrée et
le droit d'octroi, le décret du 17 mars (art. 15) statuait
que les taxes d'octroi qui, après la mise à exécution de
la loi de 1842, demeureraient supérieures au nouveau
tarif d'entrée seraient, de plein droit, réduites au taux
de ce dernier tarif, dans un délai de trois ans, à partir
du 1er janvier 1853.

La mise à exécution de ces mesures aurait fait perdre
à un certain nombre de communes les trois quarts, les
cinq sixièmes et même les sept huitièmes de leurs revenus ; la plupart des améliorations projetées auraient
été indéfiniment ajournées, et la gêne financière de ces
communes n'aurait pu se prolonger sans danger. Aussi
la loi du 22 juin 1854, portant fixation des recettes et
des dépenses, vint-elle remédier à cet état de choses
en abrogeant l'article 15 du décret du 17 mars 1852.
Aux termes de l'article 18 de la loi, les droits d'octroi sur
les vins (1), cidres, poirés, hydromels, ne peuvent être

---

(1) L'ordonnance du 9 décembre 1814 porte que les objets fabriqués
dans l'intérieur d'un lieu sujet seront assujettis au même droit que
ceux introduits de l'extérieur. Il s'ensuit que le *vin* fabriqué avec des
vendanges introduites en nature doit être taxé comme celui qui vient du
dehors. On ne peut s'abstenir de suivre cette fabrication et d'en soumettre
les produits à l'impôt qu'en percevant le droit sur les vendanges à l'entrée. On a admis que *trois* hectolitres de vendanges représentent *deux*
hectolitres de vin. (Déc. min.)

supérieurs au *double* des droits d'entrée déterminés par le tarif (1) annexé au décret du 17 mars 1852 (le décime non compris). Dans les communes qui, à raison de leur population, ne sont pas soumises à un droit d'entrée sur les boissons, le droit d'octroi ne peut dépasser le *double* du droit d'entrée déterminé par le décret du 17 mars 1852 pour les villes d'une population de quatre mille âmes.

Il ne peut être établi aucune taxe d'octroi *supérieure au double* du droit d'entrée qu'en vertu d'une loi. (L. 22 juin 1854, art. 18.)

---

(1) *Tarif des droits d'entrée sur les vins, cidres, poirés et hydromels*
(Annexé au décret du 17 mars 1852).

POPULATION DES COMMUNES soumises au droit d'entrée (Paris excepté).	TAXE EN HECTOLITRE (en principal).				Cidres, poirés et hydromels.
	Vins en cercles et en bouteilles dans les départements				
	De 1re classe	De 2e classe,	De 3e classe.	De 4e classe.	
	fr. c.	fr. c.	fr. c.	fr. c.	fr. c.
Comm. de 4,000 à 6,000 âmes.	0 30	0 40	0 50	0 60	0 25
Idem de 6,000 à 10,000 âmes.	0 45	0 60	0 75	0 90	0 40
Idem de 10,000 à 15,000 âmes.	0 60	0 80	1 00	1 20	0 50
Idem de 15,000 à 20,000 âmes.	0 75	1 00	1 25	1 50	0 65
Idem de 20,000 à 30,000 âmes.	0 90	1 20	1 50	1 80	0 75
Idem de 30,000 à 50,000 âmes.	1 05	1 40	1 75	2 10	0 90
Id. de 50,000 âmes et au-dess.	1 20	1 60	2 00	2 40	1 »
Remplacement aux entrées de Paris....................	8 fr. 00 c.				4 00

Pour connaître le droit d'octroi qui peut atteindre les cidres, poirés et hydromels, on n'a pas à s'inquiéter de la classe du département, mais seulement de la population de la commune. Il en est autrement pour les vins. Sous ce rapport, la France est divisée en quatre classes, qui correspondent aux divisions géographiques du Midi, du Nord, de l'Est et de l'Ouest. La taxe est plus ou moins élevée, selon que les vins sont plus ou moins chers, ou que la consommation est plus ou moins considérable. Ainsi, dans le Nord et dans l'Ouest, où la bière et le cidre forment la boisson habituelle de la classe ouvrière, les droits d'entrée ont pu être élevés ; dans le Midi, les vins sont chers, les droits sont

La loi du **22 juin 1854** a eu pour but évident, de même que celle du **11 juin 1842**, de placer à côté d'une règle prohibitive de l'abus des surtaxes l'exception qui permît, *dans des cas particuliers et rares,* d'ouvrir aux besoins imprévus ou extrêmes des villes une ressource d'un caractère extraordinaire. (Avis du Conseil d'Etat, avril 1855, Saint-Brieuc.)

---

moindres ; dans les départements de l'Est et du Nord-Est, la taxe est un peu plus forte, parce que le vin y est meilleur marché.

TABLEAU *des départements de la France divisés en quatre classes pour la perception des droits de circulation et d'entrée sur les boissons.*

(Annexé à la loi du 28 avril 1816, et modifié conformément à l'article 20 de celle du 12 décembre 1830.)

1re CLASSE.	2e CLASSE.	3e CLASSE.	4e CLASSE.
Alpes (Basses-).	Ain.	Aisne.	Ardennes.
Ariége.	Allier.	Cantal.	Calvados.
Aube.	Alpes (Hautes-).	Corrèze.	Côtes-du-Nord
Aude.	Ardèche.	Creuse.	Finistère.
Aveyron.	Cher.	Doubs.	Ille-et-Vilaine.
Bouch.-du-Rhône	Côte-d'Or.	Eure.	Manche.
Charente.	Drôme.	Eure-et-Loir.	Mayenne.
Charente-Infér.	Indre.	Jura.	Nord.
Dordogne.	Indre-et-Loire.	Loire.	Orne.
Gard.	Isère.	Loire (Haute-).	Pas-de-Calais.
Garonne (Haute-).	Loire-Inférieure.	Lozère.	Seine-Inférieure.
Gers.	Loir-et-Cher.	Morbihan.	Somme.
Gironde.	Loiret.	Oise.	
Hérault.	Maine-et-Loire.	Rhin (Bas-).	
Landes.	Marne.	Rhin (Haut-).	
Lot.	Marne (Haute-).	Rhône.	
Lot-et-Garonne.	Meurthe.	Saône (Haute-).	
Pyrénées (Basses-)	Meuse.	Saône-et-Loire.	
Pyrénées (Hautes)	Moselle.	Sarthe.	
Pyrénées-Orient.	Nièvre.	Seine.	
Tarn.	Puy-de-Dôme.	Seine-et-Marne.	
Tarn-et-Garonne.	Sèvres (Deux-).	Seine-et-Oise.	
Var.	Vendée.	Vienne (Haute-).	
Vaucluse.	Vienne.	Vosges.	
	Yonne.		

Lorsque les vins contiennent plus de dix-huit centièmes d'alcool et pas au delà de vingt et un centièmes, ils sont imposés comme vins, et

La perception des surtaxes est toujours renfermée dans la limite impérieusement réclamée par la situation financière des communes.

Alcools. — La loi de finances de 1854 ne s'étend pas aux alcools. En effet, le décret du 17 mars 1852 a réduit les taxes sur les vins, cidres, poirés et hydromels, mais il ne parle pas des alcools. On doit en conclure qu'en ce qui les concerne, les articles 9 et 10 de la loi du 11 juin 1842 restent toujours applicables.

La taxe doit être renfermée dans les limites fixées

---

payent, en outre, les doubles droits de consommation, d'entrée et d'*octroi* pour la quantité d'alcool comprise entre dix-huit et vingt et un centièmes. — Les vins contenant plus de vingt et un centièmes d'alcool ne sont pas imposés comme vins, et sont soumis, pour leur quantité totale, aux mêmes droits de consommation, d'entrée et *d'octroi* que l'alcool pur. (Déc. du 17 mars 1852, art. 21.) — Les vins de liqueur, en général fortement alcoolisés, sont de nature à dépasser les limites fixées par le décret.

Fruits à cidre et à poiré. Les fruits à cidre ou à poiré sont soumis au droit, à raison de cinq hectolitres de pommes ou poires pour deux hectolitres de cidre ou de poiré. (Loi du 28 avril 1816, art. 23.)

Piquettes. En matière de contributions indirectes, les boissons dites piquettes ne sont exemptes de droit que dans un seul cas; c'est lorsque, trouvées chez les propriétaires récoltants, lors des inventaires autorisés par l'article 40 de la loi du 28 avril 1816, elles seront reconnues avoir été faites par eux, avec de l'eau jetée sur de simples marcs sans pression, et pourvu encore qu'elles ne soient pas déplacées pour être vendues en gros ou en détail. (Loi du 28 avril 1816, art. 42.) — L'exemption de droit que contiendrait un tarif d'octroi en faveur des piquettes devrait donc être restreint dans les limites prescrites pour la perception au profit du Trésor.

Cercles. — *Litres.* — *Bouteilles.* — Pour la perception, la bouteille ordinaire est considérée comme litre, et la demi-bouteille comme demi-litre. (Loi du 28 avril 1816, art. 145 et 150.) — Il convient de frapper d'un droit égal les vins et les bières en *cercles* et en *bouteilles*, attendu qu'en réalité les vins et les bières en bouteilles payent déjà un droit plus élevé, puisque la capacité moyenne des bouteilles dépasse rarement 75 centilitres.

par la loi du 12 décembre 1830. Elle ne peut dépasser 4 fr. dans les communes de 4,000 à 6,000 âmes ; 6 fr. dans celles de 6,000 à 10,000 âmes ; 8 fr. dans celles de 10,000 à 15,000 âmes ; 10 fr. dans celles de 15,000 à 20,000 âmes ; 12 fr. dans celles de 20,000 à 30,000 âmes ; 14 fr. dans celles de 30,000 à 50,000 âmes ; 16 fr. dans celles de 50,000 âmes et au-dessus.

Quant aux *surtaxes* sur l'alcool, elles n'ont été autorisées, depuis la loi de 1842, que très-rarement, dans quelques villes de premier ordre, pour subvenir à des besoins *urgents* et *exceptionnels*, et le taux n'a pas dépassé 12 fr. 50 cent. (1). Si l'élévation des droits sur les alcools peut présenter des avantages au point de vue moral et sanitaire, il faut reconnaître que les taxes exagérées ne manquent pas de devenir prohibitives et de développer les habitudes, déjà très-actives, de la fraude par infiltration. A ce point de vue, la mesure est en outre préjudiciable aux intérêts du Trésor, et elle pourrait priver le gouvernement d'une ressource utile, dans le cas où de nouveaux besoins l'obligeraient à une augmentation d'impôts.

Alcools dénaturés. — Sont considérés comme dénaturés les alcools tenant en dissolution, dans la proportion d'au moins deux dixièmes du volume du mélange, des essences de goudron de bois, de goudron de houille ou de térébenthine, des huiles de schiste, de naphte ou une huile essentielle quelconque. (Ordonnance du 14 juin 1844.)

Le mode de préparation et l'addition de substances

---

(1) Nous devons toutefois ajouter que, dans sa session de 1856, le Corps législatif a autorisé la ville de Bailleul (Nord) à établir pendant dix ans, sur l'alcool, une surtaxe de 16 fr. 80 c. par hectolitre.

étrangères autres que les huiles essentielles ne s'opposent point à ce que l'on considère ces alcools comme dénaturés ; il est fait application du droit à ces sortes de préparations, de quelque façon que la dénaturation ait été effectuée, soit par simples mélanges des huiles essentielles avec l'alcool rectifié ou absolu, ou avec les esprits du commerce, soit par distillation avant ou après le mélange, soit enfin par la combinaison des huiles et des matières premières destinées à produire l'alcool (1). (Circ. fin., 19 juin 1844.)

Les alcools dénaturés sont frappés d'un droit général de dénaturation. A cet effet, ils sont divisés en quatre classes, suivant la quantité d'essence qu'ils contiennent. — La quantité d'essence tenue en dissolution est déterminée au moyen d'un tube gradué et divisé en trente parties égales.—Dix de ces divisions sont remplies du liquide à essayer ; il y est ajouté le double d'eau. — Ce mélange est ensuite agité, et le nombre des divisions du tube qui, après cette opération, est occupé par l'essence qui surnage, indique en dixièmes la quantité d'essence contenue dans le liquide. (Ordonnance du 14 juin 1844.)

Il ne doit pas être établi sur les alcools dénaturés de taxe d'octroi supérieure à celles qui sont déterminées par l'ordonnance du 14 juin 1844 (art. 4),

---

(1) Les alcools dénaturés ne peuvent circuler qu'avec un acquit-à-caution, un passavant délivré par la régie, dans les mêmes cas et de la même manière que pour les eaux-de-vie et esprits. — Les dispositions des lois et règlements relatives à la fabrication des eaux-de-vie et esprits, à l'exercice des magasins des marchands en gros et entrepositaires de boissons, à la circulation des eaux-de-vie et liqueurs, et au payement des droits, soit à l'arrivée, soit au départ, sont appliquées aux alcools dénaturés. (Ord. 14 juin 1844.)

modifiée par l'article 2 de l'ordonnance du 19 août 1845 (1).

Bières. — Aux termes de la loi du 12 décembre 1830, les bières sont soumises à un droit au profit du Trésor, fixé à 2 fr. 40 c. par hectolitre pour les *bières fortes*, et à 60 c. pour les *petites bières*. Mais il s'agit non pas d'un droit d'entrée, mais d'un droit de fabrication, et la loi qui impose aux villes l'obligation de ne pas élever leurs taxes d'octroi sur les boissons au delà du double des droits d'entrée perçus par le Trésor ne s'applique pas aux bières. Les villes rentrent donc dans le droit commun, et elles peuvent proposer une taxe quelconque pour les bières, soit en divisant les deux espèces, soit en les réunissant.

D'après l'article 24 de l'ordonnance du 9 décembre 1814, aucune différence de taxes entre les bières de l'intérieur et celles de l'extérieur ne devrait être

---

(1) *Tarif maximum des droits d'octroi à percevoir, par hectolitre, sur toute préparation alcoolique dite* alcool dénaturé.

(Annexé à l'ordonnance du 19 août 1845.)

QUANTITÉS D'ESSENCE ou huile essentielle contenues dans les préparations dites alcool dénaturé.	MAXIMUM DU DROIT D'OCTROI par hectolitre du volume.						
	DANS LES COMMUNES					Dans la ville de Paris.	Dans la banlieue de Paris.
	Non assujetties au droit d'entrée.	De 4,000 à 10,000 âmes.	De 10,000 à 20,000 âmes.	De 20,000 à 50,000 âmes.	De 50,000 âmes et au-dessus.		
	fr. c.	fr. c.	fr. c.	fr. c.	fr. c.	fr. c.	fr. c.
De 2 à 3 dixièmes. .	0 64	0 64	1 28	1 92	2 56	7 36	4 80
De 3 à 4 dixièmes. .	0 56	0 56	1 12	1 68	2 24	6 44	4 20
De 4 à 5 dixièmes. .	0 48	0 48	0 96	1 44	1 92	5 52	3 60
Au-dessus de 5 dix..	0 40	0 40	0 80	1 20	1 60	4 60	3 00

autorisée que dans les villes où les matières servant à la fabrication de cette boisson sont déjà frappées par l'impôt local. L'article 14 de la même ordonnance admet, il est vrai, une exception à ce principe, mais il la subordonne à la condition que la bière sera la boisson *habituelle* et *générale* du pays, et que celle importée ne sera taxée qu'au *quart* en sus du droit établi sur la bière fabriquée dans l'intérieur. Lorsque la fabrication est insignifiante, aucun motif ne justifie une proposition contraire à la loi et aux intérêts des consommateurs, qui profitent presque toujours de la concurrence entre deux industries rivales.

Pour que la bière soit réputée *petite bière* et imposée comme telle, le législateur a posé des conditions de fabrication qui sont déterminées notamment par l'article 108 de la loi du 28 avril 1816. Or, lorsque le tarif d'octroi établit une distinction entre les deux espèces, il favorise la fabrication de la petite bière que l'on mélange avec la forte après l'entonnement, et qu'on ne livre plus en nature à la consommation. Ces mélanges, préjudiciables aux intérêts de l'Etat et des consommateurs, sont une source d'abus et de discussions. Il est donc utile de réunir sous une taxe unique les deux espèces de bière (1).

Huiles. — La taxe sur les huiles est déterminée suivant leur qualité ou leur emploi. Les fruits et graïns propres à faire de l'huile peuvent être assujettis au droit proportionnel, surtout si le produit de ces fabrications

---

(1) Beaucoup de villes qui avaient d'abord établi deux taxes sont revenues à une taxe unique. A Marseille, à Toulouse, à Strasbourg, à Amiens, à Orléans, à Versailles, à Nancy, à Saint-Quentin, à Châlons-sur-Marne, à Douai et dans un grand nombre d'autres villes, la petite bière acquitte le même droit d'octroi que la bière forte.

est plutôt un objet de consommation locale qu'un objet de consommation extérieure. (Inst. fin., 25 septembre 1809.) — Les huiles *parfumées* ou *altérées* par un mélange quelconque sont, suivant leur espèce, assujetties au même droit que les huiles en nature. Il en est de même des corps gras qui ont la propriété de l'huile. Les huiles *essentielles* ou qui rentrent dans la catégorie des médicaments doivent, en général, être exemptées du droit. — Quant aux huiles d'*olive* et d'*œillette*, les instructions recommandent de les frapper d'un droit égal dans les tarifs d'octroi, attendu que les perfectionnements apportés dans la fabrication de l'huile d'œillette permettent de l'introduire en concurrence avec l'huile d'olive et que les entrepositaires peuvent substituer l'une à l'autre à la sortie. Cet objet de consommation étant ordinairement livré au poids dans le commerce, soit en gros, soit en détail, il y a avantage à adopter le même système dans l'application du droit. On rend par là les recensements plus certains et la perception plus rapide.

Objets divers.—Les *morues*, ainsi que les *merluches* et *stockfischs*, qui ne sont que des variétés de morue, doivent, autant que possible, être admises en franchise, à raison des encouragements que le gouvernement accorde pour la pêche de la morue (1).

Dans la nomenclature des *bois*, on doit indiquer que ceux provenant de démolitions seront imposés comme

---

(1) Il ne convient pas, lorsque l'Etat, ou, en d'autres termes, les contribuables s'imposent des sacrifices onéreux pour encourager la pêche maritime, de fermer aux produits de cette pêche le marché national par des taxes locales. Les communes doivent donc s'abstenir de surcharger les morues et autres poissons analogues ; elles doivent au moins réduire les taxes à un taux très-modéré. (Inst. min.)

bois de chauffage, s'ils ne sont propres qu'à être brûlés. Les circulaires ministérielles prescrivent cette distinction, et il convient d'en faire une mention spéciale, afin d'éviter toutes difficultés pour l'assiette et la perception du droit.

Il est nécessaire de distinguer les différentes natures de menuiserie, d'ébénisterie, tour, tonnellerie, vannerie, etc. ; de tarifer séparément le *bois de chêne* et les bois connus sous la dénomination de *bois blancs*.

Les expressions *bois de service* dans un tarif d'octroi doivent s'entendre uniquement du bois d'ébénisterie, de tour, de charronnage, etc., et nullement des matières qui servent à la confection des teintures, médicaments et autres préparations analogues. (Déc. fin., 14 mai 1817.)

Dans la classification des *matériaux*, il ne faut tarifer, autant que possible, que les objets d'un usage fréquent ; on doit éviter de faire porter la taxe sur des objets qui ne sont introduits que pour être mis en œuvre et ensuite réexportés. (Circ. fin., 25 septembre 1809.)

La *chaux*, étant une matière première de construction, fait nécessairement partie d'un tarif qui assujettit le plâtre ; mais il faut distinguer la chaux vive de la chaux éteinte, ainsi que le plâtre mis en poudre du plâtre brut. (Circ. préc.)

Les *porcelaines*, les *cristaux*, les *pendules*, les *tapis*, les *chaussures* en cuir et en peaux de toute espèce, les *sabots*, les *cercles*, les *osiers*, les *bouteilles*, les *pelles en bois* et tous les articles empruntés au commerce industriel plutôt qu'à la consommation locale doivent, en général et autant que possible, être exempts des droits d'octroi. (Inst. min.)

Il convient également d'affranchir les *ronces*, les *copeaux*, les *bois morts* destinés au chauffage des indigents. (Inst. min.)

La trop forte taxe sur les *sucres* est de nature à ralentir la consommation, et dès lors préjudiciable aux intérêts du Trésor. Il ne convient pas non plus de surtaxer les *cafés*. (Inst. min.)

On doit éviter, autant que possible, d'imposer les objets d'un faible volume, tels que les *bonbons*, les *dragées*, le *chocolat*, etc., dont la perception entrave la circulation et peut, surtout les jours de foire et de marché, occasionner des retards préjudiciables aux habitants des campagnes. (Inst. min.)

Les *merrains*, destinés au radoub des bateaux, les *futailles*, dans les localités viticoles, ne doivent pas figurer au tarif, attendu que leur destination n'a pas le caractère de consommation locale qui seul peut les rendre passibles du droit. (Inst. min.)

La taxe qui atteint le *fourrage vert* et le *fourrage sec* doit toujours être relative. Lorsque le grain se trouve joint à la paille, ce qui doit arriver souvent dans les communes agricoles, il convient de distinguer l'une de l'autre, et de déterminer combien il faudra de bottes ou de gerbes de paille en grain pour former un hectolitre d'avoine ou de tout autre fourrage en grain qui serait compris dans le tarif. — Dans quelques contrées, l'orge est considérée comme fourrage, et, dans ce cas, elle doit sans difficulté être comprise au tarif ; elle peut même y être comprise, soit en grain, soit mondée ou concassée, lorsqu'elle n'est pas employée à la panification. (Inst. fin., 25 septembre 1809.)

L'*avoine* contenant, en général, quatre fois plus de parties nutritives que la *paille* et deux fois plus que le *foin*, les droits doivent être établis, autant que possible, dans cette proportion qui sert de base à l'alimentation des chevaux de l'Etat, conformément aux dispositions de l'arrêté du gouvernement du 6 messidor an X.

La loi s'oppose formellement à ce que certains individus soient exemptés de la taxe. Ce principe a été proclamé par les lettres patentes du 31 janvier 1790. La loi ne fait de distinction que pour les objets suivants : 1° pour les consommations faites à bord des *bâtiments de l'Etat* (Ord. 9 déc. 1814, art. 103); 2° pour les matières servant à la confection de la *poudre à feu* (Ord. 9 déc. 1814, art. 104); 3° pour les papiers *imprimés* du gouvernement (Déc. fin. 19 brumaire an X); 4° pour les bois (1) destinés à des *constructions mobiles d'artillerie* (Déc. fin. 10 sept. 1811); 5° pour toute espèce de *médicaments* (Circ. fin. 15 juillet 1835); 6° pour les *raisins* de table (2) et pour certaines *pommes*

---

(1) Il y a lieu d'admettre à l'entrepôt les *bois de construction* employés aux *constructions navales*, et d'accorder décharge aux constructeurs entrepositaires, après la mise à l'eau d'un navire neuf. Le gouvernement est entré dans cette voie d'affranchissement pour protéger, autant que possible, l'industrie nationale maritime, qui, par comparaison avec les marines étrangères, se trouve dans des conditions tout à fait désavantageuses, et dont le développement au surplus est grandement à désirer au point de vue du commerce français. La sollicitude du gouvernement s'est portée sur ce point, et il a cru devoir accorder aux constructeurs nationaux des immunités propres à les protéger contre les concurrences étrangères.—A cet effet, a été rendu, le 17 octobre 1855, et inséré au *Bulletin des lois*, sous le n° 333, un décret portant admission en franchise des droits de douane des produits destinés à la construction des bâtiments de mer. Logiquement, et pour que ce décret ait les résultats que le gouvernement en attend, il importe de ne pas soumettre aux droits d'octroi les bois servant à la construction des navires. (Inst. min.)

(2) En ce qui concerne les raisins, les pommes et les poires, pour éviter l'abus que l'on pourrait faire de l'exemption, en les introduisant, même partiellement, pour fabriquer ensuite dans l'intérieur des boissons

et *poires* de qualité supérieure. (Décret 17 mai 1809, art. 19.) Hors ces divers cas, aux termes de l'article 105 de l'ordonnance du 9 décembre 1814, nulle personne, quelles que soient ses fonctions, ses dignités, quel que soit son emploi, ne peut prétendre, sous aucun prétexte, à la franchise des droits d'octroi.

---

sujettes au droit, on doit limiter la quotité de ces importations par individu. (Inst. fin., 25 septembre 1809.) — On restreint ordinairement l'exemption aux raisins enfermés dans des paniers, et du poids brut de cinq kilogrammes au plus.

CHAPITRE III.

Règlements.

Introduction. — Déclaration. — Vérification.

La loi du 28 avril 1816 laisse aux Conseils municipaux une entière latitude pour fixer les limites de la perception et pour déterminer les bureaux où elle doit s'opérer, les obligations et les formalités à remplir par les redevables et par les employés, en raison des localités. — L'article 26 de l'ordonnance du 9 décembre 1814, qui disposait que les *dépendances rurales* entièrement détachées du lieu principal seraient affranchies de la perception des droits d'octroi, a été modifié par les articles 147 et 152 de la loi du 28 avril 1816, qui autorisent à étendre les perceptions sur les *banlieues* autour des grandes villes, afin de restreindre la fraude. Si l'article 21 de la même loi dispose que les habitations éparses et les dépendances rurales entièrement détachées du lieu principal sont affranchies du droit d'entrée sur les boissons, cet article ne concerne que les droits qui se perçoivent au profit de l'Etat, et est absolument étranger aux droits d'octroi, qui sont perçus au profit des communes. (Arrêt cass., 26 mai 1827.)

On doit se référer, pour la préparation et le vote des règlements, à l'ordonnance du 9 décembre 1814, aux lois des 28 avril 1816, 25 mars 1817 et 24 mai 1834, ainsi qu'aux articles non abrogés du décret du 17 mai 1809 (1).

---

(1) L'administration des contributions indirectes fournit, au besoin,

Les règlements d'octroi ne peuvent contenir aucune disposition qui soit contraire aux lois et règlements concernant les droits du Trésor. Ils ne doivent renfermer que les dispositions destinées à assurer la perception du droit, et il y aurait inconvénient à faire consacrer par décret des mesures de police qui sont dans les attributions du maire ou du préfet, et qu'il peut être convenable de modifier pendant la durée de la perception que le décret a autorisée. (Avis du Conseil d'Etat, 24 août 1836.)

Les limites du territoire auquel la perception peut s'étendre sont indiquées par des poteaux sur lesquels on inscrit ces mots : *Octroi de* ..... Si les localités ne permettent pas que la perception ait lieu à l'entrée, il doit être établi au centre un ou plusieurs bureaux. Les objets soumis ne peuvent être introduits que par les barrières ou bureaux désignés (1).

Les tarifs et règlements doivent être affichés dans l'intérieur et à l'extérieur desdits bureaux.

Le porteur ou conducteur d'objets assujettis aux droits d'octroi est tenu, avant de les introduire, d'en faire la déclaration au bureau et d'acquitter les droits

---

aux communes, des formules de *règlements* imprimés qui contiennent la plupart des dispositions que nous croyons devoir rapporter dans ce chapitre. Ces règlements varient d'après l'importance des localités.

(1) Les bureaux d'octroi doivent être pourvus de tous les instruments de pesage et de mesurage nécessaires.

On ne doit pas astreindre les communes à fixer, pour les objets soumis à l'octroi seulement, les mêmes heures que celles qui sont déterminées pour les droits d'entrée. L'ouverture des bureaux peut être prolongée, en toute saison, jusqu'à dix heures du soir. On donne par là aux bouchers la faculté d'abattre dans la nuit les bestiaux qu'ils vont chercher aux marchés voisins, et qu'ils ne peuvent, en conséquence, introduire dans la ville que très-tard dans la soirée. (Inst. min.)

si les objets sont destinés à la consommation du lieu, sous peine de la confiscation desdits objets et d'une amende de 100 à 200 fr. (Ord. 9 déc. 1814, art. 28; L. 24 mai 1834, art. 9.)

Toute déclaration doit indiquer la nature, la quantité, le poids et le nombre des objets introduits.

Lorsqu'il s'agit de vins, de cidres, de poirés, d'hydromels, d'eaux-de-vie, d'esprits, de liqueurs et de fruits à l'eau-de-vie, les porteurs ou conducteurs sont tenus d'exhiber aux préposés de l'octroi les acquits-à-caution, congés, passavants, et toutes autres expéditions délivrées par la régie des contributions indirectes. (Ord. 9 déc. 1814, art. 28; L. 28 avril 1816, art. 17 et 24; L. 23 avril 1836.)

Après la déclaration, les préposés peuvent faire toutes les recherches, visites et vérifications nécessaires pour en constater l'exactitude. Les conducteurs sont tenus de souffrir et même de faciliter toutes les opérations relatives auxdites vérifications. (Ord. 9 décembre 1814, art. 28.)

Tout objet soumis à l'octroi qui, nonobstant l'interpellation faite par les préposés, serait introduit sans avoir été déclaré, ou sous une déclaration fausse (1),

---

(1) Les *déclarations* que les porteurs et conducteurs d'objets soumis aux droits d'octroi sont tenus de faire avant l'introduction desdits objets doit être exacte et non approximative. Les préposés des octrois ne sont point tenus de s'assurer par eux-mêmes de la nature, de la quantité, du poids ou du nombre des objets introduits ; ils ne sont astreints qu'à vérifier les déclarations faites, lesquelles sont considérées comme *fausses* lorsqu'elles sont incomplètes, c'est-à-dire lorsqu'elles n'énoncent qu'une partie des objets. (Arr. cass., 8 mai 1841.)

La fausse déclaration faite par un conducteur d'objets soumis aux droits d'octroi le constitue à l'instant même en contravention, et il ne peut s'en relever par une déclaration subséquente et sincère, lorsqu'elle est saisi; les voitures, chevaux et autres moyens de transport sont également saisis, à défaut, par les contrevenants, de consigner le maximum de l'amende prononcée ou de fournir caution valable. (L. 28 avril 1816, art. 27; L. 24 mai 1834, art. 9.)

La perception doit être effectuée au comptant. La faculté du crédit, autrefois admise pour les droits d'octroi, ne doit plus être accordée aujourd'hui; la faculté de l'entrepôt doit en tenir lieu.

Toutefois, aux termes de l'article 39 de la loi de finances du 21 avril 1832, les propriétaires récoltants de vins, de cidres ou de poirés, qui ne veulent pas jouir de l'entrepôt pour les boissons fabriquées dans l'intérieur du lieu sujet, sont admis à se libérer par douzièmes, de mois en mois, des droits d'entrée, et par conséquent aussi des droits d'octroi sur les vendanges qu'ils ont introduites, ou sur les quantités de vin qui ont été inventoriées chez eux après la récolte.

Nous devons ajouter que, dans le but d'assurer les approvisionnements de la ville de Paris, et de donner des facilités au commerce, plusieurs arrêtés du gouvernement et du préfet de la Seine ont accordé aux marchands de bois à brûler et aux marchands de bois

---

n'a eu lieu que sur la sommation faite par les préposés de les laisser procéder à la vérification des objets présumés contenir des matières soumises à la perception. (Arr. cass., du 21 novembre 1840.)

Doit être considérée comme fausse toute déclaration qui désigne sous une autre dénomination que celle qui lui est donnée dans le commerce un objet soumis au droit d'octroi, et lors même que cet objet serait composé d'une matière semblable à celle qui entre dans la confection d'un autre produit soumis à un droit moindre : ainsi, les bougies stéariques, quoique composées avec du suif, ne peuvent être déclarées comme chandelles. (Arr. cass., du 3 avril 1840.)

de charpente et de construction, la faculté de payer les droits d'octroi dus par les marchandises qu'ils font entrer par eau et dans leurs chantiers établis dans Paris, en billets à six mois de date. (Arrêtés des 5 pluviôse an IX, 17 vendémiaire an XIII, 30 vendémiaire an XIV et 14 mars 1808.)

Les marchands de bois de chauffage sont admis à souscrire des billets pour les droits qui s'élèvent à 200 francs; cette limite est fixée à 150 francs pour les marchands de bois de construction. (Arrêté du 6 septembre 1833.)

Ceux qui ne fournissent pas de caution pour jouir du crédit des droits d'octroi peuvent également l'obtenir sur dépôt à la Caisse municipale d'actions de rente 3 ou 5 pour 100, payables au porteur. (Circ. du 29 janvier 1849.)

Il est défendu aux employés, sous peine de destitution et de tous dommages et intérêts, de faire usage de la *sonde* (1) dans la visite des malles, caisses et bal-

---

(1) Cette manière d'opérer, qui excite surtout les réclamations du commerce, est non-seulement interdite par les règlements, mais elle n'est pas commandée par l'intérêt du service; car, indépendamment de la faculté qu'ils ont de vérifier à domicile ou dans des emplacements spécialement affectés à cette destination, il existe pour les agents de la perception un premier moyen de contrôler les déclarations, lequel consiste à se faire représenter les lettres de voiture et autres documents qui énoncent la nature, la quantité et la destination des objets soumis à leur vérification. La conformité reconnue de ces actes entre eux est une présomption de l'exactitude des déclarations, qui, sans jamais ôter aux préposés des octrois la faculté de vérifier matériellement les objets transportés, peut cependant rendre moins nécessaire une vérification approfondie, lors surtout qu'aucun indice de fraude ne les a avertis qu'ils doivent user rigoureusement de ce droit. (Circ. fin., 4 août 1829.)

S'il y a difficulté par rapport au mesurage, jaugeage et pesage, l'employé peut, aux termes de l'article 146 de la loi du 28 avril 1816, re-

lots annoncés contenir des étoffes, linges et autres objets susceptibles d'être endommagés. Dans ce cas, comme dans tous ceux où le contenu des caisses et ballots est inconnu et ne peut être vérifié immédiatement, la vérification en est faite dans les emplacements à ce destinés et déterminés par l'autorité locale. (Ord. 9 déc. 1814, art. 35.)

Les préposés ont la faculté de déguster les boissons et liquides pour s'assurer de la sincérité de la déclaration; mais ils ne peuvent, sous peine de destitution et de dommages et intérêts, extraire des vases qui contiennent ces boissons et liquides que les quantités rigoureusement nécessaires pour en faire la vérification,

---

quérir qu'il soit fait une nouvelle vérification, en présence d'un officier public, par un expert que nommera le juge de paix et dont il recevra le serment. La régie peut faire vérifier l'opération par un contre-expert. Les frais de l'une et de l'autre vérification seront à la charge de la partie qui aura élevé mal à propos la contestation. Les règlements peuvent néanmoins disposer que les contribuables auront toujours la faculté d'appeler à leurs frais les préposés du poids public qui opéreront les vérifications en présence des préposés de l'octroi, et avant l'introduction des objets sur lesquels portera la contestation. Dans ce cas, il n'y aura lieu de faire application des dispositions de l'article 146 précité, qu'autant que les préposés de l'octroi croiront ne pas devoir admettre le résultat desdites vérifications.

Lorsque la contenance des futailles présentées à l'entrée ou existant dans les entrepôts paraîtra irrégulière, ou lorsque leur forme ne permettra pas d'en déterminer exactement la contenance avec la jauge ordinaire, il pourra, lorsque le règlement a prévu le cas, être procédé à leur dépotement immédiat par les employés, ou à leur diligence et aux frais de qui il appartiendra, conformément aux dispositions de l'article 146 de la loi du 28 avril 1816. — Si la difficulté porte sur la nature de la denrée ou sur sa qualité, il peut être pris des échantillons qui, en présence de la partie intéressée, sont cachetés par les employés. Les objets contestés peuvent alors être introduits moyennant consignation préalable du droit; la difficulté, dans ce cas, présentant une question d'interprétation du tarif, il ne peut être répété d'indemnité par les contribuables pour raison de retard et de déplacement.

3.

avec l'obligation expresse de remettre dans les vases, toutes les fois que la chose est possible, le reste des quantités qui auront servi à la vérification. Les préposés ne doivent se servir que de tasses ou étuis d'alcoomètre dont chaque receveur est pourvu. Lorsqu'il y a impossibilité de reverser le reste dans les vases, ce reste doit toujours être remis au conducteur, ou jeté sur le pavé, si le conducteur ne veut pas s'en charger; il ne peut, sous peine de révocation et de dommages et intérêts, être retenu par les préposés (1).

L'introduction ou la tentative d'introduction, dans le rayon de l'octroi, d'objets soumis aux droits, à l'aide d'ustensiles préparés ou de moyens disposés pour la fraude, donne lieu à l'arrestation du porteur ou conducteur desdits objets; cette arrestation peut être opérée par les préposés de l'octroi. (Loi du 28 avril 1816, art. 223; loi du 24 mai 1834, art. 9) (2). Toutefois, si

---

(1) Circ. fin. du 8 mai 1855. — Les vins (sauf les exceptions que le décret du 17 mars 1852 a déterminées relativement aux vins surchargés d'alcool), les cidres, les poirés, les hydromels, les liqueurs, les fruits à l'eau-de-vie, sont imposés en raison de leur quantité, et nullement en raison de leur qualité ou de leur force. Les préposés ont donc seulement à reconnaître que les liquides vérifiés sont du vin, du cidre, du poiré, de l'hydromel, de la liqueur, des fruits à l'eau-de-vie. Communément, pour prononcer à cet égard, il suffit de voir le liquide. Cependant, l'œil peut être trompé; la dégustation, quelquefois même la distillation, peuvent être nécessaires; mais en toute hypothèse, pour faire la vérification, une quantité infiniment petite est toujours suffisante. — En ce qui concerne les eaux-de-vie et les esprits en cercles, on ne peut se borner à en reconnaître la nature, il faut encore constater leur force, leur degré alcoolique; mais les préposés ne doivent extraire des futailles, des vases contenant les eaux-de-vie, etc., que la seule quantité strictement indispensable pour remplir jusqu'au point voulu le tube dans lequel le thermomètre et l'alcoomètre doivent être plongés. (Circ. fin. du 8 mai 1855.)

(2) Par *ustensiles préparés* ou moyens disposés pour la fraude, on doit entendre : 1° les vessies ou vases de diverses formes qui s'adap-

le droit d'arrestation doit être rigoureusement exercé envers les personnes connues pour se livrer habituel-

---

tent au corps sous les vêtements pour l'introduction des liquides ; 2° les voitures ou charrettes à double fond, ou contenant dans les brancards ou ailleurs des parties creuses et cachées recélant des matières assujetties aux droits ; 3° les colliers de chevaux, les bâts, selles, paniers, tonneaux, vases, vaisseaux à double fond, et généralement tous corps travaillés et disposés pour faciliter l'introduction sans payement des droits de tout ou partie des objets qu'ils contiennent, ou pour diminuer le volume de ceux qui sortent des entrepôts et transits, et en laisser une partie dans l'intérieur du lieu sujet.—La tentative d'introduction ne pouvait être facilement réprimée sous la législation ancienne ; mais depuis la loi du 24 mai 1834, ceux qui, au moment de franchir la barrière d'une commune soumise au droit d'octroi, chercheraient à éviter, en rétrogradant, la surveillance dont ils seraient l'objet, pourront être poursuivis et arrêtés, s'il est reconnu que la fraude ait été tentée à l'aide d'ustensiles préparés ou de moyens disposés pour la recevoir. Cependant, il faut bien distinguer la nature des moyens employés : une tentative d'introduction de boissons en bouteilles, par exemple, ne pourrait donner lieu à l'arrestation du contrevenant ; il faut absolument qu'au fait de tentative se joigne celui de l'emploi des instruments ou des moyens indiqués plus haut. (Circ. fin., 29 août 1834.)

La peine de six mois d'emprisonnement, prononcée par l'article 46 de la loi du 28 avril 1816, s'applique à la fraude en matière d'octroi commise par escalade, par souterrain ou à main armée. Les faits que l'on qualifie d'escalade et pour lesquels les employés peuvent invoquer l'article précité, sont : 1° de passer chargé de fraude en essayant d'escalader le mur ou la palissade, ou de franchir le fossé ou la barrière qui défend l'entrée du lieu sujet ; 2° de jeter de l'extérieur dans l'intérieur des objets de fraude ; 3° de les recevoir ou transporter après l'escalade, pourvu toutefois que les employés puissent bien affirmer dans leurs procès-verbaux qu'ils ont vu introduire lesdits objets, et qu'ils ont vu ceux qui les transportaient les recueillir au moment de l'introduction à la limite de la ville ; 4° de concourir à l'introduction de la fraude à l'aide de cordes, crochets, échelles et autres ustensiles propres à les faire passer dans l'intérieur du lieu sujet. (Circ. préc.)

Visites à domicile. — Les dispositions de l'article 237 de la loi du 28 avril 1816, qui permet aux employés des contributions indirectes de suivre les objets de fraude au moment d'être saisis, jusque dans le domicile des particuliers non sujets aux exercices, sans être tenus dans ce cas de recourir à l'assistance d'un magistrat, s'applique aux octrois comme aux contributions indirectes proprement dites. (Arr. cass., 5 septembre 1824.)

lement à ce genre de fraude, et celles qui emploient dans ce but des voitures à double fond, il faut admettre des cas d'exception, notamment à l'égard des femmes ou des individus qui ne font pas métier de frauder les droits. On doit se guider, dans la pratique, d'après les instructions que donnera l'administration municipale, laquelle jugera, suivant les habitudes et les besoins de la localité, du plus ou moins de sévérité qu'il faut apporter dans l'application de la loi. (Circ. fin., 29 août 1834.)

Lorsque le règlement a prévu le cas, les boissons que l'on tenterait de soustraire aux droits, en les déclarant impotables, pourront être vinaigrées par les préposés, aux frais des porteurs ou conducteurs. Dans ce cas, elles supportent le même droit que le vinaigre.

Il peut être également utile d'insérer dans le règlement un article portant que les huiles déclarées pour l'unique destination du graissage des machines, ou toute autre préparation industrielle, seront affranchies du droit, pourvu qu'elles soient préalablement dénaturées, en présence des employés, par un mélange suffisant pour les rendre impropres à la consommation de bouche ou à l'éclairage.

Lorsque les préposés ont arrêté et constitué prisonnier un fraudeur, ils sont tenus de le conduire sur-le-champ devant un officier de police judiciaire, ou de le remettre à la force armée, qui le conduit devant le juge compétent, lequel statue de suite, par décision motivée, sur l'emprisonnement ou la mise en liberté du prévenu. Néanmoins, celui-ci sera immédiatement mis en liberté s'il offre bonne et suffisante caution de se présenter en justice et d'acquitter l'amende encourue, ou s'il consigne ladite amende. (L. 28 avril 1816, art. 224.)

Toute personne qui récolte, prépare ou fabrique, dans l'intérieur du rayon de l'octroi, des objets compris au tarif, est tenue, sous peine de la confiscation des objets récoltés, préparés ou fabriqués, et d'une amende de 100 à 200 fr., d'en faire la déclaration et d'acquitter immédiatement le droit, si elle ne réclame la faculté de l'entrepôt. — Les préposés de l'octroi reconnaissent à domicile les quantités récoltées, préparées ou fabriquées, et font toutes les vérifications nécessaires pour prévenir la fraude. — Les animaux destinés à être abattus sont, s'il y a lieu, marqués au feu au moment de leur introduction. Ceux qu'on introduit morts, ou qu'on abat dans l'intérieur des limites, sont marqués au noir sur les extrémités des quartiers. On ne peut, dans l'un et l'autre cas, se servir d'autres marques que celles déterminées par le maire. (Ord. 9 déc. 1814, art. 36; L. 24 mai 1834, art. 9.)

Passe-debout, Transit, Entrepôt. — Le droit d'octroi ne devant atteindre que les objets destinés à la consommation intérieure, les marchandises qui ne font que traverser une commune sujette doivent être exempts de droits. On a atteint ce but par l'établissement du passe-debout, du transit et de l'entrepôt.

Passe-debout. Lorsqu'un chargement ne fait que traverser une commune sujette à l'octroi ou y séjourne moins de vingt-quatre heures, le conducteur doit en faire la déclaration au bureau d'entrée et y consigner ou faire cautionner le montant du droit, s'il n'est pas possible de faire escorter le chargement. (Ord. 9 déc. 1814, art. 37.) Ce droit sera rendu ou la caution déchargée lorsqu'il aura été justifié de la sortie des objets.

Transit. Lorsque le séjour se prolonge au delà de

vingt-quatre heures, on est obligé de faire une déclaration indiquant le lieu où les objets seront déposés
pour être représentés aux employés à chaque réquisition, et toujours sous consignation ou cautionnement
du droit. (Ord. préc., art. 38.)

L'*entrepôt* est la faculté donnée à un propriétaire ou
à un commerçant de recevoir et d'emmagasiner dans
un lieu sujet à l'octroi, sans acquitter les droits, les
marchandises qui y sont assujetties et auxquelles il veut
donner une destination extérieure. — L'entrepôt est
réel ou *fictif*. Il est réel, lorsque la marchandise est
déposée dans un magasin public sous la garde de l'administration de l'octroi; il est fictif, lorsque la marchandise est gardée dans les magasins du contribuable.
Les entrepôts à domicile peuvent être supprimés, en ce
qui concerne les boissons, dans les communes sujettes
aux droits d'entrée, lorsqu'il existe un entrepôt public.
(L. 28 juin 1833, art. 9.)

Les formalités du passe-debout et du transit des
boissons sont les mêmes, pour l'octroi, que celles qui
sont observées par la régie des contributions indirectes. L'entrepôt des boissons a lieu d'après les mêmes
formalités, conditions et pour les mêmes quantités que
celles qui sont fixées à l'égard des droits du Trésor.
(L. 28 avril 1816, art. 150.) — Les *exercices* chez les
entrepositaires sont faits par les employés des contributions indirectes, en conformité de l'ordonnance du
9 décembre 1814.

Toute substitution et toute altération faite dans la nature ou l'espèce des objets en passe-debout ou en transit, pendant la durée du séjour, fait encourir au contrevenant une amende de 100 à 200 fr., et entraîne,
en outre, la confiscation des objets représentés et le

payement d'une somme égale à la différence de leur valeur avec celle des objets reconnus à l'entrée, laquelle est déterminée d'après le prix moyen dans le lieu sujet (1).

La durée du transit est fixée à trois jours. (Déc. 17 mai 1809, art. 67.) Nulle prolongation au delà de ce terme ne peut avoir lieu que sur l'autorisation du maire, d'après l'avis du préposé principal de l'octroi et dans le cas d'une nécessité dûment constatée. — Les droits sont restitués ou la caution déchargée au moment de la sortie. S'il n'était représenté qu'une partie des objets introduits, les droits seraient acquis sur la portion non représentée, à moins toutefois que la vente n'en eût été faite à un entrepositaire, et les objets pris en charge à son compte. (Inst. min.)

Les objets amenés aux foires et marchés sont assujettis à toutes les formalités du transit. (Inst. fin. 25 sept. 1809.) Vingt-quatre heures après le délai fixé, ou après l'expiration des foires et marchés, les droits consignés sont définitivement acquis à l'octroi, s'il n'a pas été justifié de la sortie des objets. Dans les communes où l'affluence des bestiaux à un marché ou à

---

(1) Arrêté du 23 germinal an XIII.

Les caisses et ballots accompagnés d'acquits-à-caution, et portant les plombs et marques des contributions indirectes ou des douanes, sont affranchis des visites et vérifications si les plombs et marques sont reconnus sains et entiers, et dans le cas seulement où les objets resteront sous la surveillance des employés. (Inst. min.)

Dans le cas où, par force majeure ou par accident reconnu par les autorités locales, un conducteur est retenu dans le rayon de l'octroi au delà du délai fixé, le passe-debout est, sur sa déclaration, converti en transit, et les objets sont mis sous la surveillance des préposés de l'octroi jusqu'à leur sortie. Les frais de loyer ou de garde, s'il y en a, sont à la charge des déclarants. (Inst. min.)

une foire est considérable, et dans les communes encore où l'on se sert de bêtes à cornes pour attelage, on
peut se dispenser d'exiger la consignation ou le cautionnement des droits. Dans ce cas, le règlement doit
indiquer les formalités et les dispositions nécessaires
pour prévenir l'abus de cette exemption, afin que les
préposés puissent avoir une connaissance exacte des
bestiaux qui seraient vendus pour rester dans l'intérieur et de ceux qui en sortent pour toute autre destination. (Inst. min.)

Lorsqu'il y a *escorte* (Ord. 9 déc. 1814, art. 37; L.
28 avril 1816, art. 28), les préposés ne quittant point
les chargements pendant la traversée du lieu sujet
préviennent toute tentative de déchargement ou de
substitution. La certitude de l'identité du chargement
étant ainsi acquise, une autre vérification au bureau
de sortie doit être habituellement superflue. L'escorte,
qui déjà simplifie les conditions auxquelles la délivrance du passe-debout est subordonnée, simplifie
aussi les vérifications; c'est donc un moyen qui doit
être adopté toutes les fois qu'il est praticable. (Circ.
fin., 8 mai 1855.) En principe, les employés qui es-
cortent les chargements ne doivent exiger aucune
rétribution de la part du commerce. S'il est nécessaire
de faire une exception à cette règle, le Conseil municipal doit en faire la matière d'une délibération spéciale.

A Paris, l'indemnité pour frais d'escorte a été fixée,
par arrêté du préfet de la Seine en date du 10 mars
1819, à un franc pour chaque voiture par terre, et à
deux francs pour chaque voiture par eau.

On doit, autant que possible, réunir un certain nombre de voitures sous la surveillance de la même escorte,

afin de diminuer les frais à la charge des voituriers.

L'article 30 de l'ordonnance de 1814, qui affranchissait de la visite les malles et effets des personnes voyageant en voiture particulière suspendue, a été abrogé par l'article 9 de la loi du 24 mai 1834. Les diligences, fourgons, fiacres et autres voitures de louage, sont soumis aux visites des préposés de l'octroi. Il en est de même des voitures suspendues ou non suspendues (1).

Les individus voyageant à pied ou à cheval ne peuvent être arrêtés, questionnés ou visités sur leur personne, ni à raison de leurs effets. Tout acte contraire à cette disposition est réputé acte de violence, et les préposés qui s'en rendent coupables sont poursuivis correctionnellement et punis des peines prononcées par les lois. —Tout individu soupçonné de faire la fraude à la faveur de cette exception peut être conduit devant un officier de police ou devant le maire, pour y être interrogé, et la visite de ses effets autorisée, s'il y a lieu. (Ord. 9 déc. 1814, art. 30 et 31.)

Les propriétaires de bestiaux entretenus dans le rayon de l'octroi doivent faire leur déclaration au bureau.—Il leur est délivré un permis de circulation in-

---

(1) Les voitures et transports militaires chargés d'objets assujettis aux droits sont soumis aux régles prescrites pour le transit et le passe-debout. (Ord. du 9 décembre 1814, art. 40.) Toutefois, dans le cas où l'emploi de ces formalités pourrait apporter un retard nuisible, les préposés se bornent à surveiller ou à escorter le convoi. Dans ce cas, l'escorte doit être gratuite. (Circ. fin., 20 février 1823.)

Les courriers ne peuvent être arrêtés à leur passage, sous prétexte de la perception ; mais ils sont tenus d'acquitter les droits sur les objets soumis à l'octroi qu'ils introduiraient pour être consommés dans la localité : à cet effet, les préposés sont autorisés à assister au déchargement des malles. (Ord. du 9 décembre 1814, art. 33.)

dicatif du nombre, de l'espèce et du lieu de passage affecté à la sortie et à la rentrée de ces animaux. — Ceux qui sont introduits au delà du nombre fixé par le permis et sans déclaration préalable sont saisis. (Inst. fin. 25 sept. 1809.)

Les propriétaires de ces bestiaux doivent souffrir les visites et exercices des préposés de l'octroi dans leurs étables et bergeries. — Il est fait inventaire, et des recensements ont lieu aux époques déterminées par le maire. — Ils sont tenus de déclarer d'avance le nombre et l'espèce des animaux qu'ils livrent aux bouchers et charcutiers, ceux qu'ils font venir du dehors pour les remplacer et ceux qu'ils abattent pour leur consommation personnelle. — Ils doivent également déclarer toute diminution ou augmentation. — Les bestiaux morts naturellement ou exportés hors de la commune ne sont passibles d'aucun droit. — Il est fait déclaration des premiers dans le jour de la mort et des seconds préalablement à leur exportation. — Ces déclarations sont vérifiées par les préposés. A l'époque des recensements, les propriétaires sont tenus d'acquitter les droits pour les bestiaux reconnus manquant à leur charge. (Inst. min.)

Aux termes de l'article 41 de l'ordonnance du 9 décembre 1814, les règlements doivent déterminer les objets pour lesquels l'entrepôt est accordé, ainsi que les quantités au-dessous desquelles on ne peut l'obtenir. Comme les droits ne peuvent peser que sur les objets destinés à la consommation, les Conseils municipaux ne peuvent exclure de l'entrepôt que les articles du tarif qui ne donnent pas lieu à réclamer la franchise des droits pour cause de réexportation.

L'examen des règlements, de la part de l'administration des contributions indirectes sur ce point, doit tendre à ce qu'aucune marchandise susceptible d'être admise en entrepôt ne soit omise ; et s'il arrive au surplus que, par cas fortuit, des objets non désignés par le règlement, comme pouvant être entreposés, soient emmagasinés dans le lieu pour en sortir plus tard, on doit par exception, et en conséquence du principe constitutif des octrois, qui ne permet d'imposer que la consommation locale, les admettre en entrepôt, soit réel, soit fictif, selon que les localités le permettent, et avec toutes les précautions requises pour que l'intérêt de la commune ne puisse être compromis. (Circ. fin., 19 novembre 1817.)

Les conditions pour l'entrepôt sont : de faire une déclaration par écrit au bureau de l'octroi avant l'entrée des objets entreposés, de permettre les visites et exercices des préposés ; de leur ouvrir, à toute réquisition, les caves, magasins et autres lieux de dépôt, de fournir aux employés de l'octroi les hommes et les ustensiles nécessaires pour faciliter les reconnaissances, enfin, de faire, de la manière et dans les formes voulues, les déclarations d'expédition pour le dehors et pour l'intérieur (1).

La qualité de détaillant exclut la faculté d'entrepo-

----

(1) Ord. du 9 décembre 1814, art. 42 et 43.

Tout refus de souffrir les visites, vérifications et exercices des préposés de l'octroi, est constaté par procès-verbal. Les prétextes d'absence sont réputés refus formel. Les préposés, après avoir déclaré procès-verbal, peuvent requérir l'assistance d'un officier de police, faire ouvrir en sa présence les caves, celliers ou magasins, et procéder aux vérifications prescrites. (Inst. min.)

Toute expédition d'objets entreposés ne peut avoir lieu qu'aux heures indiquées. Les droits sont acquittés sur-le-champ pour les objets destinés à la consommation locale. Quant aux objets expédiés pour l'extérieur, ils sont représentés aux préposés de l'octroi, lesquels, après

ser, à moins que le détaillant ne fasse la vente en gros dans un magasin particulier, qui n'ait aucune communication avec celui de la vente en détail. (Inst. min.)

Contentieux. — Les contraventions sont constatées par des procès-verbaux dressés à la requête du maire et affirmés devant le juge de paix ou son suppléant, dans les vingt-quatre heures de leur date, sous peine de nullité. Ils peuvent être rédigés par un seul préposé et font foi en justice, jusqu'à inscription de faux. (L. 27 frimaire an VIII, art. 8 ; ord. 9 déc. 1814, art. 75.)

Les procès-verbaux énoncent la date du jour où ils sont rédigés, la nature de la contravention, et, en cas de saisie, la déclaration qui en a été faite au prévenu ; les noms, qualité et résidence de l'employé verbalisant et de la personne chargée des poursuites ; l'espèce, le poids ou la mesure des objets saisis, leur évaluation approximative ; la présence de la partie à leur description, ou la sommation qui lui aura été faite d'y

---

vérification des quantités et espèces, délivrent un certificat de sortie. (Ord. du 9 décembre 1814, art. 42 et 43.)

Les préposés de l'octroi tiennent un compte d'entrée et de sortie des marchandises entreposées ; à cet effet, ils peuvent faire à domicile, dans les magasins, chantiers, caves, celliers des entrepositaires, toutes les vérifications nécessaires pour reconnaître les objets entreposés, constater les quantités restantes, et établir le décompte des droits dus sur celles pour lesquelles il n'est pas représenté de certificat de sortie. Ces droits doivent être acquittés immédiatement par les entrepositaires, et, à défaut, il est décerné contre eux des contraintes qui sont exécutoires nonobstant opposition et sans y préjudicier. (Ord. du 9 déc. 1814, art. 44.)

La durée de l'entrepôt est illimitée. (Ord. du 9 déc. 1814, art. 41.) Le décret du 17 mai 1809 portait que toute déclaration reconnue infidèle, soit à l'entrée, soit à la sortie, soit lors des vérifications, visites et récolements, priverait l'entrepositaire du bénéfice de l'entrepôt. Mais cette disposition, qui n'a pas été reproduite par l'ordonnance de 1814, ni par la loi de 1816, doit être considérée comme abrogée. (Avis Cons. d'Etat, 24 août 1836.)

assister; le nom, la qualité et l'acceptation du gardien, le lieu de la rédaction du procès-verbal et l'heure de la clôture. (Ord. 9 déc. 1814, art. 75.) Lorsque le motif de la saisie porte sur le faux ou l'altération des expéditions, le procès-verbal énonce le genre de faux, les altérations ou surcharges. Lesdites expéditions, signées et paraphées, restent annexées au procès-verbal, qui contient la sommation faite à la partie de les parapher et sa réponse. (Ord. préc., art. 76.)

Si le prévenu est présent à la rédaction du procès-verbal, cet acte énonce qu'il lui en a été donné lecture et copie. En cas d'absence du prévenu, si celui-ci a domicile ou résidence connue dans le lieu de la saisie, le procès-verbal lui est signifié dans les vingt-quatre heures de la clôture. Dans le cas contraire, le procès-verbal est affiché, dans le même délai, à la porte de la mairie. (Ord. préc., art. 77.)

La saisie et la confiscation s'étendent aux futailles, caisses, enveloppes, paniers et sacs renfermant les objets en fraude ou en contravention. (Inst. fin. 25 septembre 1809.) — Les objets saisis sont déposés au bureau le plus voisin. Ils peuvent néanmoins, s'il y a lieu, être mis en fourrière. (Inst. préc.)—Si la partie saisie ne s'est pas présentée dans les dix jours à l'effet de payer ou consigner l'amende encourue, ou si elle n'a pas formé, dans le même délai, opposition à la vente, cette vente est faite par le receveur, cinq jours après l'apposition, à la porte de la mairie et autres lieux accoutumés, d'une affiche signée de lui, et sans aucune autre formalité (1).

____

(1) Ord. du 9 décembre 1814, art. 79.

Néanmoins, si la vente des objets saisis est retardée, l'opposition peut être formée jusqu'au jour indiqué pour la vente. L'opposition est moti-

L'action résultant des procès-verbaux en matière d'octroi, et les questions qui peuvent naître de la défense du prévenu, sont de la compétence exclusive du tribunal correctionnel. (L. 24 mai 1834, art. 9.) — En cas de nullité du procès-verbal, et si la contravention se trouve suffisamment établie par d'autres preuves ou par l'instruction, la confiscation des objets saisis ne sera pas moins encourue. (Déc. du min. de la justice, 14 germinal an X.)

Le maire est autorisé, sauf l'approbation du préfet, à faire remise, par voie de transaction, de la totalité ou de partie des condamnations encourues, même après le jugement rendu. (Ord. 9 déc. 1814, art. 83.)

Toutes les fois que la saisie est opérée dans l'intérêt commun des droits d'octroi et des droits imposés au profit du Trésor, le procès-verbal doit être rédigé à la requête du directeur des contributions indirectes. A cet employé supérieur appartient aussi, dans ce cas, le droit d'intenter les poursuites et de transiger d'après

---

vée et contient assignation à jour fixe devant le tribunal correctionnel, avec élection de domicile dans le lieu où siége le tribunal. Le délai de l'assignation ne peut excéder trois jours. (Ord. du 9 décembre 1814, art. 80.)

Dans le cas où les objets saisis seraient sujets à dépérissement, la vente pourra être autorisée avant l'échéance des délais fixés, par une simple ordonnance du juge de paix, sur requête. (Ord. préc., art. 82.)

Les propriétaires de tous objets compris au tarif sont responsables du fait de leurs facteurs, agents et domestiques, en ce qui concerne les droits, confiscations, amendes et dépens, lorsque la contravention a été commise dans les fonctions auxquelles ils ont été employés par leurs maîtres, conformément à l'article 1384 du Code Napoléon. — Les pères, mères ou tuteurs, sont garants des faits de leurs enfants ou pupilles ou mineurs non émancipés et demeurant chez eux. — Sont également responsables les propriétaires ou principaux locataires, relativement à la fraude qui se commettrait dans leurs maisons, clos, jardins et autres lieux par eux personnellement occupés, s'ils sont convaincus de l'avoir favorisée ou d'y avoir participé. (Inst. fin. du 25 septembre 1808.)

les règles propres à son administration. (Circ. fin., 16 janvier 1817.)

Le produit des amendes et confiscations pour contraventions au règlement de l'octroi, déduction faite des frais et prélèvements autorisés, est attribué, moitié aux employés de l'octroi et moitié à la commune. (Ord. 9 déc. 1814, art. 84.)

S'il s'élève une contestation sur l'application du tarif ou sur la quotité du droit réclamé, le porteur ou conducteur est tenu de consigner, avant tout, le droit exigé entre les mains du receveur ; faute de quoi il ne peut passer outre ni introduire l'objet qui a donné lieu à la contestation, sauf à lui à se pourvoir devant le juge de paix du canton. Il ne peut être entendu qu'en représentant la quittance de ladite consignation au juge de paix, lequel prononce sommairement et sans frais, soit en dernier ressort, soit à la charge d'appel, suivant la quotité du droit réclamé. (Ord. 9 déc. 1814, art. 81.)

Les contraintes pour les recouvrements des droits d'octroi sont décernées par le receveur, visées par le maire et rendues exécutoires par le juge de paix. (Circ. 13 juillet 1812.)

Toute personne qui s'oppose à l'exercice des fonctions des préposés de l'octroi est punie d'une amende de 50 francs, indépendamment de la confiscation des objets saisis, lorsqu'il y a lieu, et d'une amende de 100 à 200 francs, prononcée pour le cas de fraude. En cas de voies de fait, il en est dressé procès-verbal qui est envoyé au procureur impérial pour en poursuivre les auteurs, et leur faire infliger les peines portées par le Code pénal contre ceux qui s'opposent, avec violence, à l'exercice des fonctions publiques. (L. 27 frimaire an VIII, art. 15 ; L. 24 mai 1834, art. 9.)

CHAPITRE IV.

Modes d'administration et de gestion.

Les Conseils municipaux décident si le mode de perception sera la *régie simple*, la *régie intéressée*, le *bail à ferme* ou l'*abonnement avec l'administration des contributions indirectes* (1).

La *régie simple* est la perception de l'octroi, sous la direction immédiate du maire, par des préposés à la solde de la commune et nommés par le préfet. (Déc. 17 mai 1809, art. 102.) Le maire organise le personnel, surveille l'ordre général du service, transige sur les procès-verbaux et décide toutes les questions non judiciaires. Les frais d'exploitation et de premier établissement sont réglés par l'autorité locale, sous l'approbation du ministre des finances.

La *régie intéressée* consiste à traiter avec un régisseur à la condition d'un prix fixe et d'une portion déterminée dans les produits excédant le prix principal et la somme abonnée pour les frais. (Déc. 17 mai 1809, art. 104.) Le partage des bénéfices se fait tous les ans, mais il n'est que provisoire, et, à l'expiration du bail, il est fait compte de la totalité des bénéfices pour établir une année commune, d'après laquelle a lieu le partage définitif dans les proportions déterminées par

---

(1) Dans tous les cas, la perception des droits est faite sous la surveillance du maire, du sous-préfet et du préfet. (Loi du 28 avril 1816, art. 147.)

le cahier des charges. La régie intéressée, système exclusivement propre aux grandes villes, en offrant l'activité de l'intérêt personnel pour garantie des produits, restreint à une juste mesure les bénéfices éventuels des régisseurs, par l'intervention des communes à titre de copartageantes. L'article 105 du décret du 17 mai 1809 fixe à un maximum de 12 pour 100 du prix principal de régie les frais abonnés à l'adjudicataire ; il laisse toutefois quelque latitude à cet égard, et les communes sont intéressées à se diriger en ce point d'après les règles d'une sage économie, de manière à ne pas admettre une proportion qui deviendrait onéreuse pour elles. (Circ. fin., 6 nov. 1816.)

Le *bail à ferme* est l'adjudication pure et simple des produits d'un octroi, moyennant un prix convenu, sans partage de bénéfice et sans allocation de frais (1). Par ce mode de gestion, le maire renonce à l'administra-

---

(1) Le système de la *ferme* présente des avantages réels au milieu d'inconvénients et d'abus non moins certains : tout dépend d'une juste application des règles établies, de l'attentive surveillance des maires et du bon choix des adjudicataires. Avec ces précautions, il y a lieu de croire que tout fermier ne spéculera que sur des produits légitimes, et jamais sur des exactions ; que sur des recettes intégrales, et non sur la fraude ; qu'il aura pour les contribuables tous les ménagements compatibles avec ses justes droits ; qu'il n'intentera point de procès injustes, et préférera presque toujours transaction à jugement ; qu'il ne dissimulera point ses recettes au moyen d'abonnements secrets, de non-enregistrements, ou par l'emploi de doubles registres destinés à simuler des pertes sous le prétexte desquelles on fatigue l'autorité supérieure de demandes en réduction de prix, en indemnités, et souvent aussi dans le but d'obtenir la ferme suivante à un prix fort inférieur. On empêchera sans doute aussi qu'un fermier n'appauvrisse l'octroi en favorisant des approvisionnements anticipés, qui rendraient nulles les recettes de l'adjudication suivante ; enfin, la commune n'aura à craindre que les chances de force majeure, et jamais l'inconduite personnelle de l'adjudicataire. (Circ. fin. du 6 novembre 1816.)

4.

tion de l'octroi; le fermier nomme les employés, sous l'approbation du préfet.

La *ferme* est, dans son principe et dans ses effets, un contrat bilatéral : les deux parties ont donc des droits et des devoirs réciproques, et il est nécessaire de déterminer, sans ambiguïté ni restriction, les unes et les autres. Ainsi, la commune qui aliène ses revenus doit compter sur le fidèle et entier accomplissement des conditions auxquelles elle consent à les faire administrer par un fermier, et ce fermier doit jouir dans toute leur plénitude des perceptions dont le prix de bail représente la valeur. (Inst. min.)

L'adjudicataire d'un octroi étant substitué à tous les droits et avantages de la commune accepte aussi toutes les obligations qu'elle aurait à remplir envers elle-même, envers l'Etat et envers les contribuables, si elle n'affermait pas. Cet adjudicataire est tenu d'exécuter avec bonne foi toutes les dispositions législatives et réglementaires qui auraient obligé la commune. (Circ. fin., 6 novembre 1816.)

La publicité, la liberté des enchères sur une mise à prix soigneusement déterminée, le versement exact du prix de bail aux époques et de la manière indiquées; le fidèle enregistrement des recettes de toute nature, et la régularité des registres; la ponctuelle exécution des tarifs et des règlements légalement approuvés; la portion d'influence et d'attributions que l'adjudicataire, la commune et le Trésor doivent avoir, selon les divers cas, dans le jugement et la répartition des amendes, ou dans les transactions qui y suppléent; la franchise du passe-debout, du transit et de l'entrepôt; l'interdiction de tout compte de clerc à maître, de toute réclamation d'indemnité ou d'abandon du bail, hors les

cas formellement prévus; l'interdiction de toute ces-
sion partielle du bail, de tout abonnement secret, de
toute remise de droits; les divers cas de résiliation for-
cée ou de résiliation à folle enchère; les poursuites et
peines applicables à la concussion, aux prévarications
de toute espèce; le droit général de surveillance attribué au maire, dans l'intérêt de la commune et des
contribuables, sur la gestion du fermier; les devoirs
des employés de celui-ci; le mode de juger les contestations incidentes sur le sens et l'exécution des clauses
du bail; les frais imposés à l'adjudicataire en cas de
trouble fortuit dans sa jouissance, ou de privation totale ou partielle des moyens de perception; la production d'un cautionnement régulier : telles sont les stipulations invariables d'un cahier des charges, celles dont
les communes ne sauraient être dispensées, et auxquelles l'administration supérieure devrait, dans son intérêt même, suppléer en cas d'omission. (Circ. préc.)
Voir, à l'appendice, le *Procès-verbal d'adjudication*.

L'adjudicataire ne peut transférer son droit au bail,
en tout ou en partie, sans le consentement exprès de
l'autorité locale, approuvé par le ministre des finances.
(Déc. 17 mai 1809, art. 109.)

Les adjudications ne peuvent excéder trois ans. Elles
sont faites aux enchères publiques, à l'extinction des
bougies, au plus offrant et dernier enchérisseur. On ne
doit admettre aux enchères que les personnes d'une
solvabilité et d'une capacité reconnues. (Déc. préc.,
art. 114.)

Les adjudications sont faites, en présence d'un agent
des contributions indirectes, par le maire dans les
villes d'une population de cinq mille âmes et au-dessus, et dans celles d'une population moindre, par le

sous-préfet. L'adjudication n'est définitive et l'adjudicataire mis en possession qu'après l'approbation du ministre des finances. (Déc. 17 mai 1809, art. 135.)

Avant d'entrer en jouissance de son bail, l'adjudicataire doit fournir, en immeubles, en numéraire ou en effets publics, un cautionnement dont la quotité est déterminée dans le cahier des charges. (Déc. préc., art. 121.)

Le prix du bail est payé de mois en mois et d'avance : en cas de retard du payement du prix stipulé du bail aux époques fixées, l'adjudicataire peut être poursuivi par toutes les voies de droit et même par corps. (Déc. préc., art. 123) (1).

L'*abonnement avec la régie des contributions indirectes* a pour effet de mettre la perception entre les mains des employés de cette régie. Il est passé un traité de gré à gré, qui est soumis à l'approbation du ministre des finances. (L. 28 avril 1816, art. 158.) Les conventions à faire entre la régie et les communes ne portent que sur les traitements fixes ou éventuels des préposés; tous les autres frais sont intégralement acquittés par les communes, sur le revenu brut de l'octroi.

Les maires conservent le droit de surveillance sur les préposés et celui de transiger sur les contraventions.

---

(1) L'interruption de la perception des droits d'octroi par un cas de force majeure, tel qu'une émeute, ne peut autoriser le fermier ou le régisseur à demander la résiliation de son bail et à compter de clerc à maître, mais seulement à demander une indemnité, laquelle doit être basée sur la différence entre les recettes effectuées par le fermier avant le trouble apporté à la perception et celles opérées depuis pendant un pareil laps de temps, et en déduisant de cette différence la diminution que les recettes postérieures ont pu éprouver par d'autres causes que la sédition, causes dont le fermier eût dû supporter l'effet dans tous les cas. (Arr. du Cons. d'Etat, 22 juin 1856.)

Les traités conclus avec les communes subsistent de plein droit jusqu'à ce que la commune ou la régie en ait notifié la cessation; cette notification a lieu, de part et d'autre, six mois au moins à l'avance. (Ord. 9 décembre 1814, art. 95 et 96.) Voir, à l'appendice, le *Modèle de traité.*

Le prélèvement de dix pour cent attribué au Trésor public par la loi du 28 avril 1816 ayant été supprimé par le décret du 17 mars 1852 (1), les receveurs doivent verser le montant intégral de leurs recettes, pour le compte de l'octroi, dans la caisse municipale, sous la déduction des frais de perception convenus par le traité, et dont ils comptent comme de leurs autres recettes pour le Trésor.

Les octrois par abonnement établis en vertu de l'arrêté du 4 thermidor an X ont été supprimés par l'ordonnance du 3 juin 1818. Toutefois, les villes peuvent consentir avec une corporation entière, celle des bouchers, par exemple, un abonnement payé en remplacement du droit qui serait dû à raison du nombre des bestiaux qu'ils introduisent dans le rayon de l'octroi. Il n'y a de défendu que tout mode de répartition au

---

(1) Le but de cette mesure a été de faire profiter non les caisses municipales, mais bien les consommateurs de l'abandon que faisait le Trésor. Cette opération, qui aurait été très-simple dans ses résultats si elle avait dû s'opérer sur le produit *brut*, est devenue plus compliquée parce qu'il a fallu l'appliquer au produit *net*. On a dû retrancher d'abord les frais de perception, et rechercher ensuite la fraction qui devait, avec ces frais, former le dixième à supprimer. Les taxes à percevoir d'après l'ancien tarif ont par suite été fractionnées pour la plupart en divisions de centimes. De là perte pour la ville si les fractions sont négligées, perte pour les contribuables si elles sont exigées. Aussi plusieurs villes ont-elles demandé, après l'exécution du décret du 17 mars 1852, à modifier le tarif de leur octroi, pour arrondir les taxes et rendre la perception plus facile.

moyen duquel, à défaut de perception à l'effectif sur les objets de consommation, on taxe arbitrairement tous les habitants, à raison de leur consommation présumée, ou seulement des individus exerçant certaines professions, telles que celles de boucher, d'aubergiste ou de cabaretier, ou toute autre analogue, à raison du débit présumé de leurs marchandises. (Circ. fin. 10 septembre 1818.)

Ces abonnements ne sont autorisés que dans le cas où des difficultés réelles s'opposent aux perceptions à l'effectif. Il est indispensable qu'ils soient souscrits par la corporation entière, et qu'on maintienne la perception, au profit de la commune, sur les introductions faites par toute autre personne que les abonnés. Ces abonnements ne peuvent avoir lieu qu'avec l'approbation du ministre des finances; et, à cet effet, les projets de traités et les délibérations des Conseils municipaux y relatives doivent être adressés à l'administration des contributions indirectes. (Circ. fin., 22 février 1815.)

Un abonnement consenti avec les bouchers, avec la clause qu'il ne pourra s'établir d'autres bouchers dans la commune pendant l'abonnement, ne peut être autorisé, parce que cette clause constituerait en faveur des bouchers abonnés un véritable privilége exclusif qui ne peut être accordé qu'en vertu d'une disposition formelle de la loi. (Déc. min.)

La durée de l'abonnement est ordinairement fixée à une année; dans aucun cas, elle ne peut dépasser trois ans. (Inst. min.)

Exemption de la contribution personnelle et mobilière. — Dans les villes ayant un octroi, le contingent personnel et mobilier peut être payé, en totalité ou en partie, par les caisses municipales, *sur la demande* qui en est faite aux préfets par les Conseils municipaux. Ces Conseils déterminent la portion du contingent qui doit être prélevée sur les produits de l'octroi. La portion à percevoir au moyen d'un rôle est répartie en cote mobilière seulement, au centime le franc des loyers d'habitation, après déduction des faibles loyers que les corps municipaux croient devoir exempter de la cotisation. (L. 21 avril 1831, art. 20.)

La loi du 3 juillet 1846, article 5, a modifié l'article 20 de la loi du 21 avril 1831, en ce sens que la répartition du contingent non convertie peut se faire, soit au *centime le franc des loyers* d'habitation, soit d'après un *tarif gradué en raison de la progression ascendante de ces loyers.*

Comme la conversion facultative de l'impôt direct en impôt indirect tend à dénaturer le caractère de l'impôt mobilier, dont l'assiette repose sur une présomption apparente de revenus, la délibération du Conseil municipal doit être approuvée par un décret.

CHAPITRE V.

Personnel.

Dans toutes les communes où les produits annuels s'élèvent à 20,000 fr. et au-dessus, il peut être établi un préposé en chef de l'octroi. (Loi 28 avril 1816.) Il est nommé par le préfet. (Décret 25 mars 1852, art. 15, n° 6.) Le directeur des contributions indirectes doit être consulté. Il importe, en effet, de s'assurer si les candidats offrent les garanties suffisantes d'une bonne gestion, et notamment s'ils n'exercent aucune profession, aucune industrie incompatible avec la position d'agent de l'octroi. Dans le cas où les directeurs ne croiraient pas devoir émettre un avis favorable, il leur a été prescrit d'en informer la direction générale des contributions indirectes. (Circ. fin. 13 avril 1855.)

Les autres employés de tout grade sont également nommés par les préfets, sur la présentation des maires ou sur celle des adjudicataires, en cas de *ferme* ou de *régie intéressée*. Lorsqu'il y a traité avec la *régie des contributions indirectes*, ces employés sont nommés par le préfet, sur la proposition du maire et d'après l'avis du directeur des contributions indirectes, sans préjudice toutefois du droit qui appartient alors à la régie de déterminer leur nombre et leur traitement. (Loi du 28 avril 1816, art. 156; Inst. min.)

Les préposés de l'octroi doivent être âgés au moins de vingt et un ans accomplis; ils prêtent serment devant le tribunal civil de la commune dans laquelle ils exercent, et dans les lieux où il n'y a pas de tribunal, devant le juge de paix. (Loi du 9 décembre 1814, art. 58.)

Tous les préposés comptables des octrois sont tenus de fournir un cautionnement fixé par le ministre des finances, à raison du vingt-cinquième du montant brut de la recette présumée. Le minimum ne peut être au-dessous de 200 fr. Pour les octrois des grandes villes, il est présenté des fixations particulières. (Loi du 28 avril 1816, art. 159.)

Les préposés de l'octroi doivent toujours être porteurs de leurs commissions, et doivent la représenter lorsqu'ils en sont requis. (Ord. 9 déc. 1814, art. 60.) — Le port d'armes est accordé aux préposés de l'octroi, dans l'exercice de leurs fonctions. Ceux qui abuseraient de cette faculté seront destitués, sans préjudice des poursuites judiciaires auxquelles ils auront donné lieu. (Circ. fin. 25 sept. 1809.)

Ils ne peuvent ni faire le commerce des objets tarifés, ni s'intéresser à ce commerce, soit comme associés, soit comme bailleurs de fonds ou commanditaires. Tout préposé qui favorise la fraude, soit en recevant des présents, soit de toute autre manière, est mis en jugement et condamné aux peines portées par le Code pénal contre les fonctionnaires publics prévaricateurs. (Ord. 9 déc. 1814, art. 63.)

Ceux qui sont signalés comme remplissant mal leurs fonctions, ou comme ayant donné lieu à des plaintes graves, peuvent être suspendus par le préfet ou même révoqués par lui, sur la provocation du directeur général des douanes et des contributions indirectes (1).

Les préposés de l'octroi sont placés sous la protection de l'autorité publique. Il est défendu de les injurier, maltraiter, et même de les troubler dans l'exercice de leurs fonctions, sous les peines de droit. La force armée est tenue de leur prêter secours et assistance toutes les fois qu'elle en est requise. (Ord. 9 décembre 1814, art. 65.)

Les préposés en chef doivent suivre avec la plus grande exactitude toutes les opérations de l'administration des octrois ; ils doivent s'attacher à connaître si le mode de service, son roulement diurne, le nombre des préposés, leurs fonctions respectives, s'accordent,

---

(1) Loi du 28 avril 1816, art. 156.

L'article 121 de la loi du 8 décembre 1814 place les octrois sous l'autorité du gouvernement. L'article 88 de l'ordonnance du 9 décembre de la même année attribue à la régie des contributions indirectes, sous l'autorité du ministre des finances, la surveillance générale de la perception et de l'administration des octrois. La régie, dont les agents sont en situation de savoir promptement et bien ce qui se pratique dans le service des octrois, est donc appelée à intervenir ; elle a les moyens d'exercer efficacement la haute et utile surveillance qui lui appartient. Quel que soit le mode de gestion, les employés des contributions indirectes peuvent prendre part aux vérifications. Lorsque, par suite de traités conclus avec les communes, la régie gère l'octroi, elle a ainsi plus directement encore les moyens d'obliger les préposés à se conformer, dans tous les cas, aux règles tracées. (Circ. fin, du 8 mai 1855.)

Par une décision récente, il a été décidé que l'emploi de *préposé en chef* ne pourrait plus être rempli par un *agent des contributions indirectes en activité*, attendu que ce cumul d'attributions entraîne un surcroît de travail, de surveillance et de responsabilité auquel un seul agent ne saurait suffire. (Circ. du 13 avril 1855.) Toutefois, ce principe comporte des exceptions, lorsque ces exceptions sont suffisamment justifiées. Quand le faible produit de l'octroi ne permet pas d'assurer un traitement suffisant à un employé spécial, le ministre des finances consent ordinairement à ce que les employés des contributions indirectes soient chargés de ce service.

ainsi que les divers frais d'exploitation, avec les besoins réels de la perception, les localités et la sûreté
des produits. — Le matériel de la perception, l'état
des clôtures et des portes, leur entretien, la position
des bureaux, tant sous le rapport de la commodité et
de la sûreté du service que de la facilité du commerce
et des approvisionnements, doivent aussi fixer leur
attention. (Circ. fin., 1er décembre 1809.)

Le préposé en chef doit veiller à ce que les vérifications se fassent avec décence, promptitude et attention ;
que, sous aucun prétexte, les employés ne s'écartent
des égards dus au public et aux redevables ; qu'on n'a-
buse pas de l'ignorance des conducteurs ; qu'on ne
retarde pas, sans causes légitimes, les voyageurs et
autres personnes entrant dans la commune. — Sa surveillance doit aussi s'étendre sur la manière dont s'exé-
cutent les règlements relatifs aux *passe-debout* et *transit*. Leur expédition doit être prompte, et ne peut
éprouver ni retards, ni obstacles ; les frais ne doivent
pas excéder ceux déterminés par les règlements approuvés. — Quant aux *entrepôts*, il doit étudier s'ils
ont été réellement créés pour les besoins du commerce
et des approvisionnements ; s'il n'en résulte point d'a-
bus, de fraudes combinées ; s'ils ne sont pas la source
d'exactions, de monopoles et de préférences ; en un
mot, s'ils atteignent le but de leur institution. Il doit
porter la même attention sur les autres parties de la
perception, et ne laisser échapper aucune occasion
de justifier la confiance qui lui est accordée. (Circ.
préc.)

Le préposé en chef doit dresser, concurremment avec
les maires des communes et les préposés principaux
des octrois, tous les états et bordereaux de recettes et

de dépenses, aux époques et dans les formes déterminées par les instructions ; il a soin que ces états et bordereaux soient expédiés aux autorités qui doivent les recevoir, et leur parviennent en temps utile avec la plus grande exactitude. — Il s'assure, d'ailleurs, que ces bordereaux présentent bien réellement l'état des recettes et des dépenses faites à la date qu'ils indiquent. — En résumé, le préposé en chef doit avoir essentiellement en vue dans l'exercice de ses fonctions, en cette qualité, d'aider, en tout ce qui dépendra de lui, la marche de la perception, d'en écarter les abus et surtout les vexations ; de tenir la main à la stricte exécution des lois et règlements ; d'assurer le bon ordre de la comptabilité et la bonne tenue des registres. (Circ. préc.)

CHAPITRE VI.

Comptabilité.

Tous les registres employés à la perception et au service de l'octroi sont fournis par la régie des contributions indirectes ; la dépense est remboursée par la commune ; les perceptions ou déclarations y sont inscrites sans interruption ni lacune. Les expéditions qui en sont détachées sont marquées du timbre des contributions indirectes, dont le prix est acquitté par les redevables, et le montant versé dans les caisses de cette administration. (Ord. 9 déc. 1814, art. 66.) Le prix de ce timbre spécial est fixé à 10 cent. (L. 28 avril 1816, art. 234.) Toutefois, les articles dont le droit excède un franc sont seuls soumis au droit du timbre ; pour les autres articles, il est établi des registres de perception non timbrés. (Déc. fin., 2 avril 1816.)

Les registres servant à la perception des droits d'entrée sur les vins, cidres, poirés, hydromels, esprits et liqueurs, aux déclarations de passe-debout, de transit, d'entrepôt et de sortie pour les mêmes boissons ; ceux qui sont employés pour recevoir les déclarations de mise de feu de la part des brasseurs et distillateurs ; enfin les registres portatifs, tenus pour l'exercice de redevables soumis en même temps aux droits d'octroi et à ceux dus au Trésor, sont communs aux deux services. (Ord. 9 déc. 1814, art. 69.)

La perception des droits d'octroi est faite directement par les préposés spéciaux, qui en versent le montant aux receveurs des communes. Ces comptables s'en chargent en recette comme des autres revenus communaux, et ils sont seuls chargés du payement des frais de perception, ainsi que des dépenses accessoires. Les règlements approuvés par décrets, en' vertu desquels s'opèrent les recettes et les dépenses, tiennent lieu, pour les receveurs municipaux, des autorisations extraordinaires exigées pour les recettes et dépenses non prévues au budget. (Ord. 23 juillet 1826 ; Circ. 25 janv. 1827.) Les opérations dont il s'agit sont régularisées par la production, à l'appui des comptes des receveurs municipaux, des extraits dûment certifiés du règlement de l'octroi et des actes qui ont fixé les recettes et les dépenses accidentelles. Elles sont rattachées au budget de l'exercice auquel elles se rapportent, lors du règlement définitif de ce budget. (Circ. fin. 25 mai 1836.) Lorsque l'octroi est en *ferme*, le receveur municipal ne doit compte que du prix de ferme et de la part revenant à la commune dans le produit des amendes. (Déc. 17 mai 1809, art. 126.) Lorsque l'octroi est en *régie intéressée*, le receveur municipal ne porte en recette que le prix convenu par le bail et la part revenant à la commune dans les bénéfices. (Déc. 17 mai 1809, art. 104.)

Le traitement des employés de l'octroi est payable par douzième, à la fin de chaque mois, sur un mandat du maire, appuyé de la quittance ou d'un état émargé des parties prenantes, indiquant leur nom, leur emploi, la quotité de leur traitement par année et par mois, les retenues pour pensions de retraite et le restant net à payer.

Lorsque le traitement se compose de remises proportionnées au recouvrement, un décompte individuel doit être joint au mandat. Ce décompte doit être visé par le maire, et être accompagné, pour la première fois, de la copie dûment certifiée de la décision qui a fixé le taux des remises.

Pour les dépenses accessoires, les mandats doivent être accompagnés des actes qui ont fixé lesdites dépenses. Quant aux dépenses imprévues, les mandats doivent être appuyés des mémoires, factures, conventions et marchés, des décomptes de livraisons et des quittances des parties prenantes.

Le maire peut seul délivrer des mandats; s'il refusait d'ordonnancer une dépense régulièrement autorisée et liquidée, il serait prononcé par le préfet en Conseil de préfecture. L'arrêté du préfet tiendrait lieu du mandat du maire. (Loi du 18 juillet 1837, art. 61.)

Toute personne autre que le receveur municipal, qui, sans autorisation légale, se serait ingérée dans le maniement des deniers de la commune, sera, par ce seul fait, constituée comptable; elle pourra, en outre, être poursuivie, en vertu de l'article 258 du Code pénal, comme s'étant immiscée sans titre dans des fonctions publiques. (Loi préc., art. 64.)

Les comptes du receveur sont définitivement apurés par le Conseil de préfecture pour les communes dont le revenu n'excède pas trente mille francs, sauf recours à la Cour des comptes. Les comptes des receveurs des communes dont le revenu excède trente mille francs sont réglés et apurés par ladite Cour. (Loi préc., art. 66.)

La régie des contributions indirectes alloue des remises aux préposés de l'octroi sur les droits d'entrée qu'ils sont chargés de percevoir au profit du Trésor.

Les receveurs des contributions indirectes auxquels doit être versé le produit brut des droits d'entrée forment le décompte des remises revenant aux préposés de l'octroi, et ils en versent le montant au bureau central, pour qu'il en soit tenu compte au receveur de la commune. Celui-ci compte de ce recouvrement comme des autres recettes accessoires qui font partie de ses opérations, et il en délivre une quittance détachée de son livre à souche, à titre de produits divers. Les remises sont ensuite réparties entre les préposés de l'octroi d'une même commune, dans la proportion qui est déterminée par le maire. Le receveur municipal en acquitte le montant aux parties intéressées, en vertu des mandats du maire, appuyés des quittances et des décomptes réguliers. Pour les octrois en ferme, l'indemnité allouée par la régie des contributions indirectes n'est point versée au receveur de la commune; les préposés en comptent directement au fermier. (Circ. 1ᵉʳ oct. 1824; Loi 17 déc. 1835.)

Le service des fonds destinés aux remises sur les droits d'entrée n'est qu'un service de consignation. L'entremise de la caisse et de l'administration municipales ne constitue qu'une opération d'ordre qui n'affecte pas la situation financière de la commune. La répartition des remises, comme l'encaisse de la somme à répartir, n'est donc qu'un service à exécuter *en dehors du budget*, et il doit en être compté dans la troisième partie des comptes de gestion. (Circ. int. 16 juillet 1855.)

Les receveurs municipaux des communes dont l'octroi est en régie simple ou perçu par voie d'abonnement avec l'administration des contributions indirectes étant chargés de centraliser à leur caisse le produit brut des droits perçus par les receveurs buralistes, et de payer les frais de perception et autres dépenses accessoires, doivent enregistrer ces recettes et ces dépenses sur un *livre de détail* spécial. Ce livre doit être tenu par les receveurs municipaux non justiciables de la Cour des comptes comme par ceux qui sont soumis à la juridiction de cette Cour (1).

Le livre de l'octroi, tenu par *exercice*, constate dans des colonnes distinctes : en recette, les versements qui sont faits à la Caisse municipale sur les produits ordinaires de l'octroi, sur les recettes accessoires et sur les saisies et amendes ; en dépense, les divers frais de perception, les dépenses sur les saisies et amendes, et le versement au Trésor de la portion des produits de l'octroi qui, dans plusieurs villes, remplace la contribution mobilière. — Les dépenses sur les saisies et amendes comprennent les *droits fraudés*, et l'application, au *fonds des retraites*, de la portion des saisies qui lui est affectée. — Ces deux dépenses sont constatées d'après des règles particulières. Les *droits fraudés* étant payables au bureau du receveur de l'octroi qui fait les perceptions au centre de la commune, ce receveur, auquel est communiqué l'*état de répartition*, approuvé par le maire, doit donner, sur ses registres de perception, l'imputation convenable, suivant la nature des droits

---

(1) Circ. fin. du **30** septembre **1827**.

Les employés des contributions indirectes suivent, dans l'intérêt des communes comme dans celui du Trésor, les exercices dans l'intérieur du lieu sujet, chez les entrepositaires de boissons et chez les brasseurs et distillateurs. Il est tenu compte par l'octroi, à la régie des contributions indirectes, de partie des dépenses occasionnées pour ces exercices. (Ord. du 9 décembre 1814, art. 91.)— Le taux de cette indemnité a été fixée à **5** pour **100** par une décision du ministre des finances du **20** décembre **1816**.

fraudés, aux sommes qui sont retenues à ce titre sur le produit des saisies et amendes. Quant à la portion des saisies et amendes qui est affectée au *fonds des retraites*, le receveur municipal, après en avoir fait dépense sur son livre de détail, en fait recette au compte *fonds de retenue pour retraites*, ouvert sur son livre des comptes divers. (Circ., 30 septembre 1827 et 12 décembre 1828; inst. gén. fin., art. 1243.)

Le *livre de détail* de l'octroi présente toutes les dépenses qui doivent être déduites des recettes: il sert pour la formation du bordereau des dépenses de l'octroi, que le receveur municipal doit remettre à l'agent chargé, dans chaque commune, de la tenue des registres de contrôle administratif, et il doit être représenté au directeur des contributions indirectes, ou à ses délégués, toutes les fois qu'il en juge la vérification nécessaire. Le même livre est employé par les receveurs municipaux des communes dont l'octroi est en *régie intéressée*, pour constater les versements du régisseur, et le payement de la portion des frais de perception qui, suivant le cahier des charges, doit être payée par la caisse municipale. Les receveurs des communes où l'octroi est *affermé*, ayant seulement à recevoir le prix de ferme stipulé par le bail, en font l'enregistrement sur leur livre de détail ordinaire, à un compte ouvert comme pour les autres recettes portées au budget. (Inst. gén. fin., art. 1244.)

Les recettes et les dépenses accessoires à enregistrer sur le livre de détail de l'octroi comprennent la recette et le remboursement des *consignations sur passe-debout*, qui doivent y être portées dans des colonnes spéciales du livre. — A la fin de chaque mois, le préposé du contrôle administratif s'assure de l'exactitude des sommes portées sur ses registres à titre de consignations sur passe-debout; il forme le relevé des opérations constatées dans chaque bureau de perception, et il le remet au receveur municipal avec un bordereau détaillé des consignations qui, n'ayant pas été réclamées par les consignataires aux receveurs-buralistes, dans les délais prescrits, doivent être versées à la caisse de la commune. Pour donner, en outre, au receveur municipal le moyen de se charger successivement, dans sa comptabilité, de toutes les recettes et de toutes les dépenses relatives aux consignations, chaque receveur-buraliste les comprend dans ses *bulletins de versement*, sur une ligne distincte. Il y exprime le total des *sommes perçues*, et le montant des *versements*; la différence qui existe entre ces deux résultats doit représenter les consignations conservées par le receveur-buraliste comme susceptibles d'être incessamment remboursées. Le receveur municipal doit alors faire recette du *montant brut des consignations sur passe-debout*, et il fait dépense, tant des consignations qui sont converties en perceptions définitives, que de celles dont il fait le remboursement aux consignataires, lorsqu'ils justifient de leurs droits, en rapportant des *certificats de sortie* des objets pour lesquels les consignations ont été faites. (Inst. gén. fin., art. 1245.)

Les consignations sur passe-debout ne constituent pas un véritable revenu pour les villes, puisqu'elles ne peuvent, en général, disposer des sommes consignées que pour les restituer aux consignataires à la sortie des marchandises. Elles ne doivent être comprises au budget, ni en recette, ni en dépense; il suffit que ces opérations soient constatées à un compte particulier dans les écritures du receveur. (Circ. int., 15 juin 1836.)

Nous avons déjà dit qu'aux termes de l'ordonnance du 9 décembre 1814, les *saisies et amendes pour contraventions aux droits d'octroi* appartiennent, déduction faite des prélèvements autorisés, moitié aux employés de l'octroi, et moitié à la commune dans laquelle les contraventions ont été commises. Cette répartition est établie par des bordereaux arrêtés entre les maires et les préposés au service de l'octroi, et qui présentent la date des jugements ou transactions, les sommes payées par les contrevenants, et leur partage entre la commune et les employés saisissants. Les receveurs municipaux doivent se faire tenir compte, par les préposés de l'octroi, du produit brut des amendes, sauf à payer ensuite aux employés de l'octroi, sur mandats réguliers, la portion qui appartient à ces employés. (Inst. gén. fin., art. 802.)

Le Conseil municipal n'a pas le droit de disposer des sommes consignées pour saisies et amendes d'octroi; il n'exerce sur la liquidation et le partage de ces sommes qu'un droit de surveillance. La part revenant à la commune constitue seule un revenu municipal, et doit être rattachée au budget. En conséquence, il a été décidé qu'il y a lieu de ne plus inscrire au budget que la part attribuée aux communes dans le produit net des saisies et amendes d'octroi et les frais judiciaires d'octroi tombés en non-valeur, et de classer parmi les services *hors budgets* la recette et la dépense des consignations pour lesdites saisies et amendes d'octroi, pour qu'il en soit compté dans la troisième partie des comptes de gestion, comme cela se pratique déjà pour la comptabilité des consignations sur passe-debout. (Circ. int., 16 juillet 1855.)

Au nombre des recettes accessoires de l'octroi se

trouve aussi le *produit des ventes faites dans les entre-pôts*. Les receveurs municipaux doivent enregistrer ces recettes dans une colonne spéciale du livre de l'octroi, et les constater avec tous les détails propres à bien faire connaître la nature du produit, ainsi que le nom de l'entrepositaire à la disposition duquel il est tenu. (Circ. du 12 décembre 1828.) — Enfin, les receveurs municipaux doivent avoir des colonnes spéciales sur le livre de l'octroi, pour suivre le payement et le remboursement, par les préposés des octrois, des *avances de frais judiciaires*, dont les pièces leur sont versées pour comptant, et représentent, pour eux, des valeurs de portefeuille ; les enregistrements faits dans ces colonnes spéciales doivent présenter des résultats conformes à ceux du carnet à tenir par les préposés de l'octroi eux-mêmes. (Circ. du 25 mai 1836.)

CHAPITRE VII.

Pensions de retraite des employés.

L'établissement des caisses de retraite pour les employés de l'octroi est autorisé par les articles **147** et **148** du décret du **17** mai **1809**. Si l'ordonnance du 9 décembre 1814 ne reproduit pas cette autorisation, elle ne contient rien qui l'abroge, et il suffit de l'avantage que présente une mesure de ce genre pour décider à l'adopter partout où le nombre des préposés suffit pour faire un fonds qui puisse servir les pensions. La formation de la caisse de retraite doit être délibérée par les Conseils municipaux; le taux de la retenue et les règles pour l'admission à la retraite doivent être exactement déterminés. (Circ. fin., 25 avril 1818.)

Un grand nombre de Conseils municipaux, voulant assurer aux employés des octrois des pensions de retraite, ont délibéré des projets de caisses de retenue dont les dispositions étaient empruntées au décret du 4 juillet 1806 concernant les employés du ministère de l'intérieur. Mais l'expérience a donné lieu de reconnaître que ce système, qui n'est autre que celui des tontines, ne pouvait guère s'appliquer utilement sur une échelle aussi restreinte que celle qu'offrent les administrations municipales, tant à cause du petit nombre de leurs employés qu'à cause de la modicité des traitements dont ils jouissaient. Aussi les ressources des caisses de retraite ainsi constituées ont-elles été toujours trop faibles pour fournir aux pensions des employés mis à la retraite ou de leurs veuves ; en sorte que les villes se sont trouvées, pour la plupart, entraînées, par la nécessité de suppléer à l'insuffisance des fonds, à des sacrifices dont il leur est difficile de prévoir toute l'étendue.

Une circulaire du ministre de l'intérieur, en date du 15 juillet 1835, fit ressortir ces inconvénients, et signala, en même temps, à l'attention des préfets un règlement présenté par le Conseil municipal de la ville de Tours, pour l'établissement d'une caisse obligatoire d'épargne et de prévoyance, au profit des employés de la mairie de cette ville. Ce système a paru contenir des vues extrêmement sages, et présenter un système qui, en assurant des avantages importants aux employés, garantissait les intérêts des communes, en ne leur imposant qu'un léger sacrifice annuel, réglé et limité d'une manière fixe et invariable. Le projet de règlement, présenté par la ville de Tours, a été approuvé par ordonnance royale du 28 juin 1833, inséré au *Bulletin des Lois* de ladite année (1).

---

(1) Pour faire comprendre ce système, la circulaire du 15 juillet 1835 en présentait l'ensemble sous la forme de dispositions réglementaires, et dans une série d'articles qui, empruntés à peu de chose près à ceux de l'ordonnance précitée du 28 juin 1833, pouvaient, au besoin, servir de cadre pour tous les règlements analogues.

Art. 1er. Il sera établi dans la ville de.., département de..., une caisse obligatoire d'épargne et de retenue, au profit des employés de la mairie de ladite ville.

2. Les fonds de la Caisse d'épargne seront déposés à la Caisse des dépôts et consignations, pour être employés, au fur et à mesure des versements, en achats de rentes sur l'Etat, en prenant de préférence celles qui seront constituées à l'intérêt le plus élevé.

3. Ces fonds se composeront : 1° du versement qui sera fait chaque mois par l'administration municipale d'une retenue de 5 pour 100 sur

Cependant ce système, qui constitue une sorte de caisse d'épargne et de prévoyance, et qui n'établit au-

---

tous les traitements payés aux employés ; 2° de pareil versement provenant de l'allocation faite au budget de la ville d'une somme égale à ladite retenue ; 3° de la retenue du premier mois de traitement des employés nouvellement admis, du premier mois de l'augmentation de traitement accordée à un employé déjà rétribué, et des retenues opérées sur le traitement des employés absents par congé ; enfin, des semestres échus des rentes acquises par la Caisse des dépôts et consignations.

4. Un registre spécial à la Caisse obligatoire d'épargne sera établi au secrétariat de la mairie. Il sera ouvert sur ce registre, à chacun des employés, un compte en tête duquel devront être inscrites la date de son entrée dans l'administration, la quotité de son traitement, ainsi que les modifications que ce traitement pourra successivement éprouver.

5. Au 31 décembre de chaque année, tous les employés seront crédités à leur compte respectif : 1° de dix pour cent du traitement dont ils auront joui pendant l'année ; 2° des intérêts capitalisés à ladite époque, qui auront été produits par la conversion en rentes des capitaux précédemment portés à leur compte. Le capital résultant de ces deux sommes sera de nouveau évalué en rentes, en prenant le taux moyen des achats faits dans le cours de l'année.

6. Chaque compte indiquera dans une colonne spéciale la quotité et l'espèce de rente qui aura successivement été obtenue par l'emploi de ces capitaux.

7. Tout employé qui aura au moins cinq années de services, et qui, depuis son entrée dans l'administration municipale, aura subi une retenue de 5 pour 100 sur son traitement d'activité, aura droit à une retraite.

8. L'employé qui cessera de faire partie de l'administration, pour quelque cause que ce soit, avant d'y avoir atteint cinq années de services, n'aura droit à aucune retraite, et les retenues qu'il aura supportées sur ses traitements d'activité demeureront acquises à la Caisse d'épargne et de prévoyance, qui en usera, soit pour accorder des secours extraordinaires à un employé qu'une infirmité prématurée pourrait atteindre dès les premières années de sa carrière, soit pour alléger, dans un moment opportun, la charge imposée à la Caisse municipale par l'article 3. La retenue du premier mois de traitement des employés nouvellement admis, celle du premier mois de l'augmentation de traitement et celle résultant des congés seront également acquises à la Caisse pour la même destination.

9. Lorsqu'un employé, ayant satisfait aux conditions imposées par

cune distinction entre les employés du service actif et
ceux du service sédentaire, n'offre que des moyens de

---

l'article 7, cessera de faire partie de l'administration, pour quelque
cause que ce soit, sa retraite sera immédiatement liquidée.

10. La retraite d'un employé sera fixée, en faisant le total des rentes
portées en regard des sommes dont il a été crédité au 31 décembre de
chaque année, conformément aux articles 5 et 6. Ce total, qui devra
être ramené à une somme ronde, en portant un franc pour la fraction
qui dépassera cinquante centimes et en négligeant celle qui serait moindre, formera le montant d'une inscription de rente à détacher de celle
appartenant à la Caisse d'épargne, et qui sera transférée au nom de
l'employé mis à la retraite, pour devenir sa propriété, avec la condition de ne pouvoir être aliénée avant son décès, ni, s'il est marié,
avant celui de sa femme, sans une autorisation spéciale du Conseil
municipal.

11. Le Conseil municipal ne pourra autoriser l'aliénation totale de ce
titre qu'à la charge par le titulaire d'en employer toute la valeur en un
placement en rente viagère constituée pour moitié sur la tête de sa
femme, s'il est marié; le produit de l'inscription, vendue par les soins
de l'administration municipale, sera versé chez un notaire désigné par
le maire pour effectuer ce remploi. L'acte qui y sera relatif sera soumis
à l'approbation du maire, et les frais en seront supportés par le titulaire.

12. Sauf le cas de conversion en une rente viagère, le Conseil municipal ne pourra autoriser l'aliénation du titre primitif que dans la proportion suivante : pour la nue-propriété, en totalité, et sans préjudice
des droits de la femme, conformément à l'article 13 ci-après; pour l'u-
sufruit, seulement jusqu'à concurrence de moitié.

13. La veuve d'un employé retraité sera propriétaire de la moitié de
l'usufruit dont son mari jouissait sur le titre primitif, et il ne pourra,
dans aucun cas, être porté atteinte à ses droits.

14. La nue-propriété dont le titulaire n'aura pas disposé de son vivant sera aliénable après son décès, conformément au droit commun.

Le principe fondamental de ce système de rémunération est, comme
on voit, de substituer aux pensions viagères que les règlements actuels
assurent aux employés, après une durée de service et sous certaines
conditions, une rente perpétuelle produite par les versements faits successivement à la Caisse d'épargne et de prévoyance, rente qui passe à
la veuve et aux héritiers de l'employé, et forme pour eux un véritable
patrimoine.

D'après le système des pensions viagères établi par le décret du 4
juillet 1806, la pension s'éteint avec le titulaire, et la veuve ne peut

rémunération insuffisants pour les agents de l'octroi. D'une autre part, le décret du 4 juillet 1806, rendu applicable d'une manière générale aux employés municipaux, et dont les dispositions servent de base aux liquidations de pensions, dans les villes qui n'ont pas fait approuver de règlements particuliers, n'est pas plus favorable à ces agents.

L'ordonnance du 12 janvier 1825, relative aux pensions des fonctionnaires et employés du département des finances, contient, au contraire, plusieurs dispositions qui semblent spécialement appréciables

---

prétendre qu'à une pension égale au quart de celle dont jouissait le mari, tandis que dans le système de la Caisse d'épargne, au contraire, la rente étant perpétuelle passe en totalité à la veuve et aux enfants ou héritiers. (Circ. du 15 juillet 1835.)

D'un autre côté, l'employé peut obtenir de l'administration municipale la faculté de convertir cette rente perpétuelle en rente viagère, ce qui lui assure une condition bien meilleure que celle que lui procurerait une pension calculée d'après les dispositions du décret du 4 juillet 1806.

Ce système n'est pas moins favorable aux intérêts des villes elles-mêmes. Il est d'abord évident qu'en offrant à leurs employés une sécurité pour leur avenir et celui de leurs familles, les administrations municipales obtiendront en retour plus de capacité, de zèle et de dévouement. D'un autre côté, elles auront moins de scrupule à apporter dans le personnel des services communaux des changements que le temps rend parfois nécessaires, lorsqu'elles pourront le faire sans compromettre des droits à la retraite qui ne dépendront plus d'une durée fixe et rigoureuse de service. Enfin, le sacrifice de cinq pour cent qu'elles s'imposeront étant définitivement limité, elles ne seront pas exposées à grever outre mesure, et par un sentiment d'humanité dont l'entraînement est trop naturel, les finances de la commune, en accordant aux employés réformés avant trente ans, ou à leurs veuves, des secours annuels qui dépassent souvent les pensions qu'ils auraient obtenues s'il eût été possible de les récompenser d'après les dispositions du règlement. L'expérience a prouvé que cet état de choses, contre lequel cependant des dispositions précises ont été portées par nos lois, tend à s'introduire dans beaucoup de communes, et cause un notable préjudice aux finances municipales, dont il compromet l'avenir. (Circ. préc.)

aux employés des octrois, dont les fonctions sont à peu près les mêmes que celles des employés des contributions indirectes. Ceux-ci, aux termes de cette ordonnance, ont droit à une pension après vingt-cinq ans de services, tandis que le décret de 1806 exige trente ans. En cas de blessures, ils obtiennent une retraite, qui n'est plus calculée exclusivement d'après la durée de leurs services; et, s'ils succombent, leurs veuves peuvent prétendre à une partie de la pension qu'ils auraient obtenue. Enfin, dans quelques circonstances, la pension des veuves peut s'élever au tiers de celle de leurs maris. Le décret de 1806, relatif aux employés du ministère de l'intérieur, n'a pu prévoir aucun de ces cas.

Une ordonnance du 4 septembre 1840 dispose que lorsque les villes en auront fait la demande, les pensions des employés des octrois municipaux seront réglées conformément aux dispositions des titres II, III, et IV de l'ordonnance du 12 janvier 1825 (1).

---

(1)   ORDONNANCE DU 12 JANVIER 1825.

TITRE II. — *Conditions d'admission à la retraite.*

Art. 6. Les employés pourront obtenir pension sur la Caisse générale lorsqu'ils auront soixante ans d'âge et trente ans accomplis de services, dont au moins vingt années au ministère des finances, ou dans l'une des administrations désignées en l'article 1er. — Il suffira de vingt-cinq ans de services pour les employés désignés au tableau annexé à la présente ordonnance sous le n° 1, pourvu toutefois qu'ils aient passé quinze années dans le service actif de l'administration.

7. Tout employé reconnu hors d'état de continuer utilement ses fonctions pourra, quel que soit son âge, être admis à la pension, s'il réunit la durée et la nature des services exigés par l'article précédent.

8. Pourront exceptionnellement obtenir pension : 1° quels que soient leur âge et le nombre de leurs années de services, les employés du ser-

La circulaire du 13 octobre 1840 explique que les titres I et V de l'ordonnance de 1825 ont été omis à

---

vice actif mis hors de service à la suite d'un engagement contre des fraudeurs, des rebellionnaires, et généralement par suite de lutte ou combat soutenu par eux pour l'exercice de leurs fonctions, et ceux qui auraient été mis dans l'impossibilité de les continuer par accident fortuit relatif aux mêmes fonctions ; 2° s'ils ont quarante-cinq ans d'âge et s'ils comptent quinze ans de services dans le département des finances, ou seulement quarante ans et dix ans de services dans la partie active, les employés notoirement devenus infirmes par le résultat de l'exercice de leurs fonctions.

9. Les employés admis à faire valoir leurs droits à la retraite seront tenus de produire leurs titres au plus tard dans les trois mois. — Ceux qui se seront mis en devoir de remplir cette condition conserveront leur emploi jusqu'à l'ordonnance qui aura fixé la liquidation de leur pension. — Dans le cas où il aurait été reconnu que l'employé n'a pas droit à la retraite, l'administration sera appelée à délibérer s'il peut, ou non, être conservé dans ses fonctions.

Titre III. — Fixation et liquidation des pensions.

10. Pour déterminer la fixation de la pension, il sera fait une année moyenne du traitement fixe dont les employés admis à pension auront joui pendant les quatre dernières années de leur activité.

11. La pension accordée après trente années de services sera de la moitié du traitement fixe. Il en sera de même de la pension accordée après vingt-cinq années de services rendus dans les fonctions désignées au tableau annexé à la présente ordonnance.

Après trente ans de services, ou après vingt-cinq ans de services actifs donnant droit à la moitié du traitement moyen, la pension s'accroîtra d'un vingtième de cette moitié pour chaque année en sus. — En aucun cas, elle ne pourra excéder les trois quarts du traitement moyen, ni le maximum porté au tableau ci-annexé.

12. Les employés du service actif, mis hors de service par le résultat de lutte soutenue contre des fraudeurs ou des rebellionnaires, pourront obtenir une pension fixée à la moitié du dernier traitement d'activité dont ils ont joui ; ceux de ces employés qui seraient mis dans l'impossibilité de continuer leurs fonctions par accident fortuit relatif aux mêmes fonctions obtiendront, s'ils ont moins de dix ans de services, une pension calculée sur dix années d'activité, et sur le dernier traitement qui leur était attribué.

13. Les pensions des employés admis exceptionnellement à la retraite

dessein. Le titre Ier, ne se rapportant qu'à la constitu-
tion de la caisse des retraites, était sans objet ici, puis-

---

seront liquidées à raison d'un soixantième de leur traitement moyen pour chaque année de service ; mais dans le cas où la pension est limitée par un maximum inférieur à la moitié de l'année moyenne de leur traitement, cette pension sera fixée à raison d'un trentième dudit maximum par chaque année d'exercice.

14. Les liquidations seront établies sur la durée effective des services ; néanmoins, les fractions de mois et celles de franc seront négligées.

Titre IV. — *Veuves et enfants.*

15. La veuve d'un pensionnaire, ou celle d'un employé décédé dans l'exercice de ses fonctions, aura droit à la réversion du quart de la pension que son mari avait pu obtenir ou dont il aurait joui, lors seulement que celui-ci avait, au moment de sa mise à la retraite ou de son décès, trente ans accomplis de services civils. Il n'est dérogé à cette règle qu'en faveur des veuves d'employés décédés ou mis à la retraite après vingt-cinq ans de services dans la partie active de l'administration des finances.

16. La pension de la veuve, si elle est âgée de cinquante ans au moment du décès de son mari, ou si elle a un ou plusieurs enfants au-dessous de seize ans, sera portée au tiers de celle attribuée à l'employé ; elle sera de la moitié dans tous les cas où elle ne s'élèverait pas à la somme de 125 francs, mais sans toutefois qu'elle puisse dépasser ladite somme de 125 francs.

17. La veuve d'un employé qui aurait perdu la vie par un accident fortuit relatif à ses fonctions, ou qui mourrait dans les six mois qui suivraient l'accident sans avoir dix ans de services, pourra obtenir une pension égale au tiers de celle à laquelle l'employé aurait eu droit de prétendre.

18. La veuve de l'employé qui perdrait la vie dans un engagement contre des fraudeurs, des rebellionnaires, et généralement par suite de lutte ou combat soutenu par lui pour l'exercice de ses fonctions, ou qui viendrait à décéder dans les six mois de ses blessures, que la pension ait été ou non liquidée, aura droit à une pension égale à la moitié du dernier traitement d'activité dont son mari aura joui. Hors le cas de mort dans les six mois des blessures reçues dans les circonstances et pour les causes ci-dessus énoncées, la veuve n'aura droit qu'à la réversion du tiers de la pension dont son mari était titulaire.

19. La veuve pouvant prétendre à pension, aux termes des articles précédents, ne sera toutefois admise à la réclamer qu'autant qu'elle

que l'ordonnance du 4 septembre 1840 ne recevra son application que dans les localités qui n'ont pas institué de caisses de retraite. Le titre V aurait empêché de compter, dans la liquidation des pensions des employés des octrois, les services publics étrangers aux villes et les services militaires, lesquels, d'après la jurisprudence consacrée par le Conseil d'Etat, sont admis aujourd'hui sur le même pied que les services municipaux.

L'ordonnance du 4 septembre 1840 n'a, d'ailleurs, rien *d'obligatoire* pour les villes; elle n'a été rendue

---

justifiera : 1° qu'elle était mariée cinq ans avant la mort de l'employé décédé en activité, ou cinq ans avant la mise à la retraite de l'employé mort pensionnaire, ou, dans le cas des articles 17 et 18 seulement, avant l'événement qui aurait amené la mort ou la mise à la retraite de l'employé ; 2° qu'il n'existait pas de séparation de corps entre eux.

20. Si la pension est réversible, mais que la veuve ne soit pas habile à la recueillir, faute par elle de pouvoir remplir les conditions exigées par l'article précédent, elle pourra être réclamée, et elle sera partagée par portions égales entre tous les enfants issus de l'employé décédé et y ayant droit. Il en sera de même dans le cas où la veuve aurait convolé en secondes noces, et dans celui de séparation de corps.

21. La pension se distribue par égales portions entre les enfants qui y ont droit, et s'éteint proportionnellement, sans réversion de l'un à l'autre, à mesure que chacun d'eux atteint sa seizième année, ou vient à décéder avant d'y être parvenu.

22. Par ordonnance du 12 août 1846, la rédaction suivante a été substituée au libellé de l'article 22 de l'ordonnance réglementaire du 12 janvier 1825 :

« S'il existe une veuve et un ou plusieurs orphelins au-dessous de « seize ans, provenant d'un mariage antérieur, il sera prélevé sur la « pension de la veuve, et sauf réversibilité en sa faveur, un quart au « profit de l'orphelin du premier lit, s'il n'en existe qu'un au-dessous « de seize ans, et de la moitié s'il en existe plusieurs. »

23. Les pensions susceptibles d'être accordées aux veuves et aux orphelins d'employés qui auraient péri dans les cas énoncés par les articles 17 et 18, pourront être, en raison de circonstances particulières, portées à la somme de 125 francs pour la veuve, ou de 50 francs pour chaque enfant resté orphelin.

que dans le but d'ouvrir une plus large voie de récompense en faveur d'employés dont elles sont journellement à portée d'apprécier les services, et dont le dévouement ou la négligence peut influer d'une manière très-grave sur leur situation financière. (Circ. du 14 octobre 1840.)

Les *préposés en chef* sont compris parmi les employés du service actif désignés dans l'état annexé à la loi du 9 juin 1853 sur les pensions civiles. Aux termes de cette loi, ils sont soumis à la retenue de 5 pour 100 sur leur traitement. Plusieurs de ces préposés subissaient déjà un prélèvement attribué à la caisse municipale. La question s'est élevée de savoir si, dans ce cas, ils doivent supporter deux retenues versées, l'une au Trésor, l'autre à la caisse de la commune. M. le ministre des finances a rendu, le 18 mars 1854, une décision affirmative, en faisant observer que cette double charge aura sa compensation. En effet, les prohibitions prononcées par les articles 28 et 31 de la loi ne se rapportent qu'aux traitements et pensions payés sur les fonds du Trésor, et ne peuvent faire obstacle au cumul d'une pension sur la dette publique, pas plus qu'à la jouissance de cette dernière avec un traitement municipal. (Circ. fin. du 13 avril 1855.)

Lorsque des villes où il existe une caisse de retraite en faveur des employés de l'octroi afferment leurs octrois, il y a lieu d'obliger le fermier, par une clause du bail, à se conformer aux dispositions qui établissent des retenues sur les appointements des employés pour servir à former un fonds de retraite. (Avis Cons. d'Etat du 1er septembre 1818.)

Les sommes provenant des retenues exercées sur les traitements des employés pour former des fonds de pensions ou caisses de retraites doivent être versées à la Caisse des dépôts et consignations par les receveurs des communes. Ces comptables sont tenus de faire ce versement aussitôt après que les retenues ont été exercées, ou au moins tous les mois, et ils en sont libérés par un récépissé du caissier de la Caisse des dépôts, ou des préposés de cette Caisse dans les départements. — Il en est de même des produits accidentels que les receveurs seraient autorisés à retenir pour former un premier fonds de retraite, ou le compléter.— Les bordereaux qui sont remis aux préposés de la Caisse des dépôts, lors de chaque versement, doivent faire connaître l'origine, la nature et la quotité de chacun des produits versés. (Loi du **28** avril **1816**; inst. gén. fin., art. 933.)

La Caisse des dépôts ouvre à chaque commune un compte de *fonds de retraites* qu'elle crédite des sommes qui lui appartiennent; et celles de ces sommes qui restent au crédit du compte, à la fin de chaque année, après le payement des retraites, sont employées en achat d'inscriptions de rentes sur l'Etat, dont les arrérages sont perçus par la même caisse au nom de l'établissement, et accroissent d'autant les fonds destinés aux pensions dont il est chargé. Cette Caisse tient à la disposition des communes les fonds non employés, ainsi que les inscriptions des rentes acquises; et lorsque les sommes restant en caisse sont insuffisantes pour subvenir au payement des pensions, la Caisse, sur la demande des administrations, fait procéder à la vente de tout ou partie des rentes. (Inst. gén. fin., article 934.)

Le payement des retraites ou pensions est ordonné et effectué par la caisse des dépôts et consignations, sur des états de trimestre dressés par les soins des maires.

Les receveurs des communes sont tenus de demander aux maires la délivrance d'une expédition officielle des décisions qui établissent et déterminent les retenues sur les appointements des employés pour former leur fonds de retraite. Munis de ces décisions, les receveurs doivent, en faisant chaque mois le payement des sommes dues aux employés, d'après l'état d'émargement signé par eux, exercer la retenue prescrite, et en verser le produit dans les caisses des receveurs des finances, pour le compte de la Caisse des dépôts et consignations, savoir : le jour même du payement des traitements, dans les villes chefs-lieux d'arrondissement; dix jours après ce payement, pour les communes où ne réside pas le receveur des finances. — Dès que la Caisse des dépôts a employé les fonds de retraite à l'acquisition de rentes sur l'Etat, au nom de chaque commune propriétaire, elle en donne avis au maire, qui le communique au receveur. Celui-ci reçoit de la même manière l'avis du recouvrement des arrérages de rentes que la Caisse des dépôts perçoit chaque semestre, et dont le montant vient augmenter le capital déposé pour les fonds de retraite. (Inst. préc.)

Pour le payement des pensions ou retraites, les maires font dresser et envoyer, tous les trois mois, à la Caisse des dépôts et consignations, l'état des termes échus, lequel doit indiquer, avec les nom et prénoms de chaque employé retraité, la quotité de la pension, le montant du trimestre à lui payer et les pièces qu'il doit fournir pour la régularité du payement. D'après cet état, appuyé de toutes les pièces justificatives, ladite

Caisse autorise le receveur des finances, son préposé, à en remettre le montant au receveur de la commune. Celui-ci, sur une ampliation du même état, certifiée par le maire, paye à chacun la somme qui lui revient pour le terme de sa pension.

Les préfets sont compétents, aux termes du décret du 25 mars 1852 sur la décentralisation (§ 38 du tableau A), pour approuver les liquidations de pensions. Mais c'est à l'autorité centrale qu'il appartient d'homologuer la création des caisses de retraite des employés communaux ou la modification des règlements existants. Le décret ne mentionne pas expressément cette réserve; mais comme elle a été faite dans l'énumération des services non décentralisés (tableau A, lettre N), à l'égard des caisses départementales, par analogie et par une conséquence naturelle, les caisses de retraite communales et hospitalières continuent d'être assujetties à la sanction du gouvernement. (Circ. int. du 5 mai 1852.)

Les préfets doivent être fort scrupuleux sur la nature des services admissibles. Sans une stricte observation des règlements à cet égard, les caisses de retraite seront bientôt insuffisantes pour assurer le service des pensions. Lorsqu'il s'agit de pensions exceptionnelles, c'est-à-dire accordées avant le nombre d'années fixé par le règlement, pour cause d'infirmités ou autres cas particuliers, les préfets doivent veiller à ce que ces exceptions soient constatées d'une manière régulière, notamment à l'égard des infirmités, qui devront être reconnues par un médecin désigné à cet effet par le préfet ou le sous-préfet. (Circ. préc.)

*Pièces à produire à l'appui des demandes de liqui-
dation de pensions.—Pensions des employés de l'octroi :*
— 1° Une copie du règlement sur les pensions de retraite des employés de l'octroi, indiquant la nature et
la date de l'acte d'approbation ;

2° Un certificat délivré par le maire, constatant le
nombre d'années de service et la moyenne du traitement de l'employé pendant les trois (*ou* quatre, selon
les règlements) dernières années ;

3° S'il **y a** des services militaires, un certificat délivré
par le ministre de la guerre (*ou* de la marine), constatant le nombre d'années de service dans l'armée ;

4° Si l'employé compte dans d'autres administrations
publiques des services admissibles, un certificat constatant le nombre d'années de service ;

5° S'il s'agit d'accorder une pension pour cause d'infirmités, un certificat du médecin, délégué à cet effet
par le préfet ou par le sous-préfet, constatant que l'employé est atteint de telles infirmités qui l'empêchent
de continuer ses fonctions, et que ces infirmités sont
le résultat de l'exercice desdites fonctions ;

6° Copie de la délibération par laquelle le Conseil
municipal a fixé le montant de la pension (en double
expédition).

Pensions des veuves d'employés : — 1° Une copie du
règlement sur les pensions de retraite des employés de
l'octroi, indiquant la nature et la date de l'acte d'approbation ;

2° Une copie du décret, de l'ordonnance ou de l'arrêté qui accorde une pension de retraite au mari (si
celui-ci est décédé dans l'exercice de ses fonctions, on
doit produire toutes les pièces indiquées ci-dessus pour
les pensions des employés) ;

3° Un extrait de l'acte de mariage ;

4° Un certificat constatant qu'il n'a pas existé de séparation de corps entre les époux ;

5° Un extrait de l'acte de naissance de la veuve ;

6° S'il y a des enfants mineurs qui donnent droit à une augmentation de pension de la mère, on doit ajouter les actes de naissance de chacun de ces enfants ;

7° Un extrait de l'acte de décès du mari ;

8° Une copie de la délibération par laquelle le Conseil municipal a fixé le montant de la pension (en double expédition).

CHAPITRE VIII.

Taxes additionnelles.

Les communes peuvent, dans certaines circonstances, et après avoir fait usage de *toutes leurs autres ressources*, être autorisées à ajouter des centimes additionnels aux tarifs de leurs octrois, pour faire face à des besoins *exceptionnels*, ou pour subvenir au remboursement d'un *emprunt*. Ces centimes ne peuvent être établis que pour des besoins *urgents* et dont la *nécessité* est démontrée, non une nécessité factice et volontaire qu'il appartiendrait à toute commune de faire naître, en votant préalablement des dépenses inconsidérées et en se grevant d'engagements onéreux, mais une nécessité réelle, résultant de circonstances extraordinaires.

Le produit de ces taxes, qui pèsent plus particulièrement sur les classes pauvres, doit être strictement proportionné au montant des sommes rigoureusement nécessaires. Ces taxes sont, d'ailleurs, essentiellement *temporaires* et limitées; elles doivent figurer parmi les recettes extraordinaires du budget, et ne pas prendre, par leur renouvellement indéfini, le caractère de recettes ordinaires et permanentes. (Circ. min.)

Les dispositions du décret du 17 mars 1852 ont considérablement simplifié la question des taxes additionnelles. En effet, sous l'empire de la loi du 17 août 1822, qui, par son article 16, exemptait ces taxes du prélèvement du dixième, les autorisations accordées par l'Etat pouvaient être considérées comme une faveur, puisqu'il en résultait un préjudice pour le Trésor ; mais, depuis le décret du 17 mars, les taxes ordinaires étant aussi affranchies de ce prélèvement, il n'y a plus de distinction à faire entre les diverses taxes en ce qui concerne les droits. Toutefois, il importe de conserver aux taxes additionnelles leur caractère temporaire et leur affectation spéciale.

Les décrets d'autorisation portent ordinairement que l'administration municipale sera tenue de justifier, chaque année, au préfet du département, de l'emploi du produit de la taxe à la dépense pour laquelle elle a été autorisée, et que le compte général de la recette et de la dépense devra également être fourni au préfet, à l'expiration du délai fixé.

Les taxes additionnelles ne sont ordinairement autorisées que pour une durée de cinq ou six années, sauf au Conseil municipal à en demander la prorogation, en cas de *nécessité absolue*. Ces taxes, pas plus que les taxes ordinaires d'octroi, ne peuvent être perçues au delà du terme assigné à ces perceptions. Les directeurs des contributions indirectes doivent rappeler ce principe aux administrations locales, vers l'époque où la perception doit cesser, et s'opposer, au besoin, à toute continuation qui ne serait pas légalement autorisée. (Circ, fin., 30 mars 1838.)

En ce qui concerne les droits sur les *boissons*, la limite posée s'applique aux taxes additionnelles aussi bien qu'aux taxes principales.

CHAPITRE IX.

Octrois de banlieue.

La loi du 28 avril 1816 (art. 152) autorise des perceptions d'octroi dans les banlieues, autour des grandes villes, mais au profit des communes qui composent la banlieue.

Aux termes de l'article 10 du décret du 17 mai 1809, lorsqu'une commune comprise dans la banlieue d'une ville se trouve dans le cas d'être assujettie à la perception des droits d'octroi établis ou à établir dans cette ville, le Conseil municipal doit être appelé à délibérer sur la réunion ou sur tout autre moyen de garantir la perception des droits. Si cette disposition a cessé de recevoir son application sous le régime de l'ordonnance du 9 décembre 1814, qui ne permettait plus d'établir dans les banlieues la perception des droits d'octroi des villes, elle a dû être appliquée de nouveau lorsque l'article 152 de la loi du 28 avril 1816 a rétabli cette faculté. — D'ailleurs, l'article 147 de ladite loi dispose, d'une manière générale, que les droits d'octroi ne peuvent être établis dans une commune sans un avis préalable du Conseil municipal. (Arr. Cons. d'Etat, 15 déc. 1854. — Talence (Gironde).

Une ordonnance du 11 juin 1817, dans le but de combattre la fraude et d'augmenter le revenu des communes rurales, a établi un octroi de banlieue comprenant toutes les communes du département de la Seine. Les droits portent seulement sur les eaux-de-vie, esprits et liqueurs. Le produit net de cet octroi est partagé, pour moitié, entre toutes les communes, en proportion de leur population, et l'autre moitié forme un fonds commun de réserve, destiné à subvenir aux besoins extraordinaires des communes et versé à la Caisse des dépôts et consignations, jusqu'à ce que le ministre de l'intérieur en ait disposé, sur la proposition du préfet de la Seine.

Il est d'usage, lorsqu'un secours est accordé sur ce fonds commun à une commune, pour subvenir au payement de travaux, de diviser la somme allouée en plusieurs annuités, dont le nombre est fixé en raison de la durée de l'entreprise. Le payement des annuités ne s'opère qu'au fur et à mesure de l'exécution partielle des travaux.

CHAPITRE X.

Instruction.

L'ordonnance du **9 décembre 1814** assigne des attributions distinctes au département de l'intérieur et à celui des finances, quand il s'agit de la création d'un octroi. Au premier appartient le pouvoir d'autoriser, en principe, la création des octrois ; au second, le droit d'examiner les tarifs et les règlements. La même règle doit être observée toutes les fois que les administrations municipales proposent d'apporter des changements aux tarifs et règlements en vigueur. En effet, la modification de même que la création des taxes d'octroi est, avant tout, une question d'intérêt local, et c'est au ministre de l'intérieur, en sa qualité de tuteur légal des communes, qu'il appartient d'apprécier la convenance de ces propositions. (Circ. **12 février 1848**.)

Un avis de principe du Conseil d'Etat du **17 novembre 1847** porte : 1° que lorsqu'il s'agit d'apporter des modifications aux tarifs existants, et, par suite, d'accroître ou de diminuer les ressources que les communes se procurent par la perception des droits d'octroi, l'autorité supérieure, avant d'apprécier en elles-mêmes les propositions des conseils municipaux, doit examiner si la situation financière de la commune justifie suffisamment, soit une augmentation de charges pour les habitants, soit la suppression de certains produits qui pourraient être nécessaires ; 2° que cet examen préalable est dans les attributions du ministre de l'intérieur, et fait partie de la haute tutelle administrative qu'il exerce; que, d'ailleurs, il lui est déféré expressément par l'article 6 de l'ordonnance du 9 décembre 1814, quand il est question de l'établissement d'un octroi, et que l'article 8 doit être entendu dans le même sens pour les changements de tarifs, dont les conséquences peuvent être les mêmes.

La priorité d'examen appartenant au département de l'intérieur, les préfets doivent adresser à ce ministère, avec leurs avis motivés en forme d'arrêtés, les projets relatifs, soit à l'établissement des droits d'octroi, soit à la révision des tarifs et règlements en vigueur, après avoir consulté le directeur des contributions indirectes du département. Les projets, examinés dans les bureaux et par la section de l'intérieur du Conseil d'Etat, sont ensuite transmis, s'il y a lieu, avec un avis favorable, au ministre des finances, qui consulte à son tour la section des finances du Conseil d'Etat, et fait statuer définitivement, par un décret, sur les taxes et les règlements proposés. (Inst. min.)

Pièces à produire. — Les circulaires des **23 mars 1853** et **24 juin 1856** portent que chaque demande doit être accompagnée d'un tableau de l'état financier de la commune établissant : 1° le chiffre exact et complet des *recettes* et des *dépenses*, séparées en *ordinaires* et *extraordinaires*, tant pour l'année courante que pour les trois dernières années, d'après les comptes administratifs ; 2° le chiffre des centimes extraordinaires et des emprunts avec leur durée et leur objet ; 3° le produit *brut* et le produit *net* de l'octroi, non-seulement pour l'année courante, mais aussi pour les trois dernières années, d'après les comptes ; 4° l'énumération des dépenses urgentes et des travaux *dûment autorisés*, auxquels l'augmentation des taxes a pour but de subvenir (1). Le dossier doit contenir aussi le budget primitif de l'exercice courant, le budget supplémentaire du même exercice, ou, à défaut, celui de l'exercice précédent, ainsi que toutes les autres pièces propres à justifier l'insuffisance des revenus de la commune, y compris le produit des prestations et des centimes spéciaux, auxquels la loi permet de recourir pour assurer le service de l'instruction primaire, l'entretien des chemins vicinaux et le payement du salaire des gardes champêtres ; enfin, un résumé des propositions municipales, portant, en regard l'un de l'autre, le tarif en vigueur et le tarif projeté, avec l'indication, en plus ou en moins, de chaque article de perception, d'après la moyenne de la consommation pendant les trois dernières années.

On doit prendre pour base, *quant aux quantités introduites ou à introduire*, la moyenne de la consomtion, pendant les trois dernières années, et *quant au produit*, la comparaison entre les taxes actuelles et les taxes proposées. (Inst. min.)

Le résumé des propositions municipales doit faire connaître dans des colonnes distinctes : quant au tarif actuel, 1° les objets imposés ; 2° le poids ou la mesure ; 3° la taxe ; et, quant au nouveau tarif proposé, 1° les objets imposés ; 2° le poids ou la mesure ; 3° la taxe ; 4° la valeur commerciale dans le rayon de l'octroi ; 5° le

---

(1) Les autorités locales proposent fréquemment d'établir des taxes principales ou permanentes d'octroi pour subvenir à des dépenses extraordinaires, telles que des acquisitions d'immeubles, des constructions d'édifices, le remboursement de dettes, etc. Or, c'est là une destination contraire à l'esprit de la loi du 18 juillet 1837, qui, ayant rangé le produit des octrois parmi les recettes ordinaires des communes, a voulu qu'il servît aux besoins de la même nature. (Circ. du 24 juin 1856.)

rapport de la taxe à la valeur ; 6° la consommation présumée ; 7° le produit brut ; 8° le produit moyen des trois dernières années ; 9° la différence *en plus* sur chaque article compris au tarif ; 10° la différence *en moins* sur chaque article de perception. Ces deux dernières colonnes doivent être additionnées. Le résumé doit indiquer, en outre, 1° la date de l'établissement de l'octroi ; 2° le mode actuel d'administration ; 3° la population totale de la commune ; 4° la population soumise au droit d'octroi ; 5° le produit brut de l'octroi ; 6° les frais présumés de perception ; 7° le produit net présumé.

Lorsqu'il s'agit d'une extension de *périmètre* d'octroi, le Conseil d'Etat ne peut se prononcer sans un plan de la commune qui fasse connaître le rayon actuel et celui qu'il s'agit de lui substituer.

Les demandes en autorisation de proroger ou de réviser les tarifs et règlements en vigueur doivent être soumises à l'autorité supérieure assez à temps pour qu'elle puisse statuer avant l'époque fixée pour l'expiration de la perception. Autrement, les recouvrements seraient interrompus et il en résulterait une perte sensible pour les communes, qui, en général, trouvent dans les taxes d'octroi la source la plus importante de leurs revenus. (Circ. 24 juin 1856.)

Les préfets doivent adresser au ministre de l'intérieur une expédition des baux d'octroi. (Circ. fin. 6 nov. 1816.) Ils doivent lui transmettre également quelques exemplaires imprimés de chacun des tarifs et règlements d'octroi approuvés. (Circ. int. 18 déc. 1822.)

ANNEXES.

TABLEAU *des* justifications *à produire par les* receveurs *des communes à l'appui de leurs comptes de gestion annuelle, en ce qui concerne les octrois municipaux* (1).

RECETTE.	
DÉSIGNATION des recettes.	**JUSTIFICATIONS.**
Droit d'octroi, *produit brut.*	Si le receveur compte *pour la première fois* des droits d'octroi, il doit produire une copie du décret qui autorise l'établissement de l'octroi, et qui fixe le tarif. Il produit ensuite, chaque année, les pièces indiquées ci-après, savoir : *Pour l'octroi en régie simple* : 1° le bordereau récapitulatif, arrêté à la fin de l'année, par le directeur des contributions indirectes, et accompagné d'un *relevé sommaire par bureau de perception*, que l'agent chargé du contrôle administratif doit former et remettre au receveur municipal pour les recettes constatées par les états que cet agent reçoit chaque mois des receveurs buralistes ; 2° un bordereau formé par le receveur municipal et certifié par le maire, et présentant le montant, *par bureau de perception*, des bulletins de versements faits à la caisse du comptable. (Circ. du **31** janvier **1828** ; Inst. gén., **17** juin **1840**.) *Pour l'octroi en régie intéressée*, les mêmes pièces auxquelles sont ajoutées : 1° le bail ou traité (T) ; 2° à la fin de chaque année, le compte provisoire des bénéfices partagés avec le régisseur ; 3° en fin de bail, le compte définitif de ces bénéfices : *Pour l'octroi en ferme* : 1° l'état des propriétés ; 2° une expédition du bail (T). *Pour l'octroi perçu par abonnemement avec la régie des contributions indirectes* : 1° l'abonnement et la convention faite avec la régie, pour les traitements fixes ou éventuels des préposés ; 2° les bordereaux constatant les versements effectués à la caisse municipale et le bordereau récapitulatif arrêté, à la fin de l'année, par le directeur des contributions indirectes, ledit bordereau arrêté contradictoirement par le maire.
Saisies et amendes d'octroi.	Le bordereau (modèle P de la régie des contributions indirectes) présentant la somme à porter en recette par le receveur municipal, sauf restitution aux employés : 1° des frais ; 2° des droits fraudés ; 3° de la moitié revenant aux employés du produit net à répartir.

(1) Les pièces qui doivent être timbrées sont indiquées par l'initiale T ; celles qui n'ont pas cette indication ne sont pas soumises au timbre. — Voir *Inst. gén. fin.*, art. 1322.

Suite *du* **TABLEAU** *des* justifications *à produire par les* receveurs
des communes à l'appui de leurs comptes de gestion annuelle.

<table>
<tr><td colspan="2" align="center">RECETTE.</td></tr>
<tr><td>DÉSIGNATION
des recettes.</td><td>JUSTIFICATIONS.</td></tr>
<tr><td>Retenues, pour fonds de retraite, sur le traitement des employés de l'octroi.</td><td>1° Le bordereau (modèle Q de la régie) vérifié par le directeur des contributions indirectes et visé par le maire ; 2° le tableau des appointements (modèle Z de la régie).</td></tr>
<tr><td>Portions des saisies et amendes d'octroi appliquée au fonds de retraite des employés.</td><td>Mêmes justifications, plus un état du modèle P *bis* de la régie.</td></tr>
<tr><td>Semestres de rentes sur l'Etat encaissés par la Caisse des dépôts et consignations et ajoutés au fonds de retraite des employés de l'octroi.</td><td>1° Lettres d'avis adressées au maire par la Caisse des dépôts et consignations ; 2° bordereau récapitulatif desdites lettres, dressé par le comptable et visé par le maire.</td></tr>
<tr><td>Bénéfices obtenus par la vente d'inscriptions de rentes sur l'Etat appartenant au fonds de retraite des employés de l'octroi.</td><td>1° Bordereaux de l'agent de change de la Caisse des dépôts et consignations (T) ; 2° décomptes certifiés par la Caisse des dépôts ; 3° bordereau récapitulatif desdits décomptes, certifié par le comptable et visé par le maire.</td></tr>
<tr><td>Recette des consignations d'octroi sur passe-debout.</td><td>Relevé (modèle G *ter* de la régie des contributions indirectes) dressé par les receveurs et le contrôleur de l'octroi, visé par le préposé en chef.</td></tr>
</table>

Suite *du* **TABLEAU** *des* justifications *à produire par les* receveurs *des communes à l'appui de leurs comptes de gestion annuelle.*

DÉPENSE.	
DÉSIGNATION des dépenses.	**JUSTIFICATIONS.**
Traitement des préposés de l'octroi.....	Il suffit que le mandat désigne le libellé budgétaire de la dépense, la fonction exercée par l'employé, et le temps de service révolu pour lequel le mandat est délivré.
Frais d'impression.	Quittance à souche du receveur des contributions indirectes. (Ord. du 8 décembre 1814, art. 68 et 69 ; Circ., 17 août 1837 et 29 oct. 1852).
Dépenses accessoires.................	Extraits dûment certifiés du règlement de l'octroi, et les actes qui ont fixé lesdites dépenses.
Dépenses imprévues.	1º Les mémoires, factures, conventions ou marchés, dans les cas où ces voies sont employées (T); 2º les décomptes des livraisons et les quittances des parties prenantes (T).
Part des employés dans les saisies et amendes d'octroi	Le bordereau (modèle P de la régie) dûment quittancé.
Indemnité d'exercice due sur l'octroi à l'administration des contributions indirectes.................	1º Le décompte dûment arrêté de l'indemnité; 2º la quittance à souche du receveur des contributions indirectes (T).
Dépenses des cousignations d'octroi sur passe-debout........	1º Le bordereau (modèle G *ter* de la régie) dressé par les receveurs et le contrôleur de l'octroi, visé par le préposé en chef ; 2º les quittances des consignateurs au bas des certificats de sortie.
Payement de pensions de retraite aux anciens employés de l'octroi autres que le préposé en chef. (Le préposé en chef est au nombre des fonctionnaires compris dans la loi du 9 juin 1853 sur les pensions civiles.).............	Certificat de vie en bonne forme (T), délivré par le maire après l'expiration du trimestre à payer, signé par le pensionnaire.
Remplacement de la contribution mobilière par un prélèvement sur l'octroi.	1º Ampliation du décret qui autorise le remplacement; 2º extrait de l'état de répartition des contributions; 3º récépissés à talon du receveur des finances visés par le sous-préfet ou par le préfet.

7.

MODÈLE

d'un RÉSUMÉ *des propositions municipales pour*

la RÉVISION *du tarif de l'octroi de la commune d*

DÉPARTEMENT

ARRONDISSEMENT

Date de l'établissement de l'octroi :

Mode actuel d'administration :

Population totale de la commune.   habitants.
Population soumise aux droits d'octroi...................

	fr.	c.
Dépenses de toute nature..........	»	»
Revenus sans l'octroi............	»	»
Déficit..............	»	»
Produit brut de l'octroi..........	»	»
Frais présumés de la perception...	»	»
Produit net présumé....	»	»

TARIF ACTUEL.			NOUVEAU TARIF PROPOSÉ.											
OBJETS IMPOSÉS.	Nombre, poids et mesure.	Taxe.	OBJETS À IMPOSER.	Nombre, poids et mesure.	Taxe.	Valeur commerciale dans le rayon de l'octroi.	Rapport de la taxe à la valeur.	Consommation présumée.	Produit brut.	Produit moyen des trois dernières années.	Différence sur l'ancien tarif, en plus.	Différence sur l'ancien tarif, en moins.	OBSERVATIONS.	

Dressé et certifié par nous, Maire de la commune d

A   , le 18

Le Maire,

Vu par le Sous-Préfet de l'arrondissement
d

A   , le 18

Le Sous-Préfet,

Vu par le Préfet du département
d

A   , le 18

Le Préfet,

DÉPARTEMENT

ARRONDISSEMENT

Mode proposé d'admi-
nistration :

MODÈLE

d'un RÉSUMÉ des propositions municipales pour le tarif

de l'octroi A ÉTABLIR dans la commune d

Population totale de la commune.   habitants.
Population soumise aux droits
d'octroi........................

	fr. c.
Dépenses de toute nature.........	» »
Revenus sans l'octroi...........	» »
Déficit...............	» »
Produit brut de l'octroi..........	» »
Frais présumés de la perception...	» »
Produit net présumé.....	» »

OBJETS A IMPOSER.	NOMBRE, poids et mesure.	TAXE.	VALEUR commerciale dans le rayon de l'octroi.	RAPPORT de la taxe à la valeur.	CONSOMMATION présumée.	PRODUIT brut.	PRODUIT net.	OBSERVATIONS.

Dressé et certifié par nous, maire de la
commune d

A   le   18

Le Maire,

Vu par le Préfet du département
d

A   le   18

Le Préfet,

RELEVÉ *des recettes et des dépenses* ordinaires *et* extraordinaires *de la commune d*   *, d'après les comptes administratifs des trois dernières années et le budget de l'exercice courant, ainsi que des produits de l'octroi.*

ANNÉES.	RECETTES		DÉPENSES		EXCÉDANT de recettes		EXCÉDANT de dépenses		OCTROI.				OBSERVATIONS.
									PRODUIT BRUT.		PRODUIT NET.		
	ordinaires.	extraordinaires.	ordinaires.	extraordinaires.	ordinaires.	extraordinaires.	ordinaires.	extraordinaires.	Taxes principales.	Taxes additionnelles.	Taxes principales.	Taxes additionnelles.	
18													
18													
18													
Total.													
Moyenne des trois an-nées.													
Prévisions du budget de l'exercicé courant.													

Dressé par le Receveur municipal de la commune d

A   le 18

Le Receveur municipal,

Vu et certifié par le Maire de la commune d

A   le 18

Le Maire,

Vu par le Sous-Préfet.

A   le 18

Le Sous-Préfet,

<table>
<tr><td style="text-align:center">DÉPARTEMENT</td><td style="text-align:center">COMMUNE</td><td style="text-align:center">ARRONDISSEMENT</td></tr>
<tr><td>d</td><td>d</td><td>d</td></tr>
</table>

M.   receveur.

EXERCICE 18   .

LIVRE DE DÉTAIL SPÉCIAL

*Des recettes et dépenses de l'octroi à porter au Compte
ouvert sur le* Livre des Comptes divers, *à la commune
d   dont les comptes sont jugés par
(Indiquer l'autorité à laquelle appartient le jugement des
comptes de la commune).*

RECETTE.

DATES.	MONTANT DU PRODUIT A RECOUVRER		VERSEMENTS DES RECEVEURS BURALISTES				RECETTES EN REMBOURSEMENT D'AVANCES pour frais judiciaires.	TOTAL.
			sur les produits ordinaires de l'octroi.	sur les recettes accessoires.		sur les saisies et amendes.		
	d'après le budget : fr . . . . en vertu d'autorisations supplémentaires : fr . d'après les titres définitifs : fr . .			Produit des ventes faites dans les entrepôts.	Consignations sur passe-debout.			
18.. Mars 1er	Reçu de M. receveur du bureau d . . .		600	»	»	»	»	600
Id. 3	Reçu de M. receveur du bureau d . . .		»	»	»	»	»	»
Id. 3	Reçu de M. receveur du bureau d . . .		»	»	»	»	»	
			»	»	»	»	»	»

DÉPENSE.

DATES.	MONTANT DES CRÉDITS OUVERTS { par décision en date du fr. . . . . ; par arrêté du préfet : fr. . . . . ; par autorisation supplémentaire : fr. . . . . }	Frais de premier établissement.	FRAIS DE PERCEPTION — Loyer.	FRAIS DE PERCEPTION — Réparations locatives.	FRAIS DE PERCEPTION — Frais d'impression.	FRAIS DE PERCEPTION — Traitements.	FRAIS DE PERCEPTION — Indemnités pour frais d'exercice.	DÉPENSES SUR LES SAISIES et amendes — Restitutions.	DÉPENSES SUR LES SAISIES et amendes — Frais.	DÉPENSES SUR LES SAISIES et amendes — Droits fraudés.	DÉPENSES SUR LES SAISIES et amendes — Part revenant aux saisissants.	DÉPENSES SUR LES SAISIES et amendes — Portion affectée aux pensions de retraite.	Dépenses pour frais judiciair. — Avances de frais.	Dépenses pour frais judiciair. — Frais tombés à la charge de la commune.	VERSEMENTS AU TRÉSOR PUBLIC, en remplacement de la contribution mobilière.	TOTAL.
18.. Mars 1ᵉʳ	Payé le montant de l'état des traitements du mois de janvier.	»	»	»	»	100	»	»	»	»	»	»	»	»	»	100
Idem	Payé à M. pour . . .	»	»	»	»	»	»	»	»	»	»	»	»	»	»	»
Idem	Payé à M. pour . . .	»	»	»	»	»	»	»	»	»	»	»	»	»	»	»
Idem	Payé à M. pour . . .	»	»	»	»	»	»	»	»	»	»	»	»	»	»	»
		»	»	»	»	»	»	»	»	»	»	»	»	»	»	»

Modèle du CARNET *à tenir par les préposés de l'octroi pour* AVANCES DE FRAIS JUDICIAIRES.

DÉPARTEMENT

d

COMMUNE D

ARRONDISSEMENT

d

M.

Receveur d'octroi à

ANNÉE 18 .

CARNET *des avances et des remboursements de frais judiciaires en matière d'octroi.*

			RECETTE						DÉPENSE.				
				MONTANT DES RECETTES.						MONTANT DES DÉPENSES.			
											AVANCES.		
Nos d'ordre.	Date des recettes.	Noms et prénoms des contrevenants et nature des contraventions.	D'après la répartition faite sur les contrevenants.	D'après transaction de frais.	Total.	Nos d'ordre	Date des payements.	Noms et prénoms des contrevenants et nature des contraventions	Pour frais judiciaires.	Pour timbre, enregistrement et autres objets.	Total.	Frais judiciaires tombés à la charge de la commune.

MODÈLE

De Traité d'abonnement avec la régie des contributions indirectes pour la perception de l'octroi.

———

Entre les soussignés,   maire de la commune d   stipulant et agissant pour et au nom de ladite commune,

D'une part ;

Et

D'autre part ;

S'est passé le présent traité par lequel les parties, en exécution des articles 94, 95 et suivants de l'ordonnance du 7 décembre 1814, et sauf l'approbation de l'autorité compétente, sont convenues et ont arrêté que la perception de l'octroi de la commune d   sera faite par l'administration des contributions indirectes aux clauses et conditions ci—après :

Art. 1er. La perception et le service de l'octroi de la commune d   sont confiés à l'administration des contributions indirectes. Elle y fera vaquer tant par ses préposés ordinaires que par des préposés spéciaux, dont elle déterminera le nombre, et dont elle réglera le traitement ainsi qu'elle le jugera convenable.

Art. 2. Les préposés spécialement institués pour l'octroi seront placés sous la surveillance immédiate du directeur de la régie, ou des employés à ce préposés par lui ; ils concourront avec ceux-ci à la perception et au service, et se conduiront, dans toutes leurs opérations, d'après les ordres et instructions qu'ils recevront d'eux. Ils seront tenus, dans l'intérêt du Trésor, de toutes les obligations énoncées aux articles 90 et 92 de l'ordonnance du 9 décembre 1814.

Les employés ordinaires de l'administration rempliront, de leur côté, dans l'intérêt de l'octroi, les obligations qui leur sont imposées par les articles 91 et 92 de la même ordonnance.

ART. 3. Lesdits préposés spéciaux continueront (sans préjudice toutefois du droit qui appartient à l'administration de déterminer leur nombre et leur traitement) d'être nommés par M. le préfet, sur la proposition de M. le maire et d'après l'avis de M. le directeur des contributions indirectes.

Ils seront révocables, soit sur la demande de M. le maire, soit sur celle du directeur, sauf néanmoins le cas où M. le préfet jugerait convenable d'en référer à M. le directeur général de l'administration des contributions indirectes.

ART. 4. M. le maire conservera le droit de surveillance sur ces mêmes préposés; il transigera sur les contraventions dont l'objet serait étranger au Trésor, et n'intéresserait que l'octroi seulement.

ART. 5. Une somme fixe de   , sur le produit brut de l'octroi, sera allouée à la régie pour subvenir aux traitements, gratifications ou indemnités accordés aux préposés chargés de l'administration, perception et surveillance dudit octroi; le montant de cette remise sera prélevé chaque mois, par douzième, sur les tailles brutes, et retenu par le receveur de l'octroi sur la recette, pour en faire compte à la régie.

La commune s'engage à payer à la régie, en outre de l'allocation fixée, une remise de   pour 100 sur l'excédant des produits évalués à   ; plus une remise de   pour 100 sur les   qui excé-

deront une recette brute de   , et de   pour
100 sur le surplus.

Cette remise sera répartie par l'administration entre tous les employés indistinctement de la régie ou de l'octroi.

Ces allocations auront lieu, en sus et indépendamment de l'indemnité d'exercice à 5 pour 100 des produits de l'octroi que la régie perçoit en exécution de l'article 91 de l'ordonnance du 9 décembre 1814.

Art. 6. Il est reconnu que les allocations réglées par les articles qui précèdent n'ont d'autre objet que de couvrir annuellement l'administration de la dépense des traitements fixes et éventuels des employés et préposés chargés du service et de la perception de l'octroi ; en conséquence, toutes les autres dépenses, telles que celles d'entretien et de loyer de bâtiments, celles de fournitures, impressions, registres, bordereaux et tous frais généralement quelconques, autres que ceux de traitements, remises et gratifications, restent à la charge de la commune, et sont acquittées par elle, sans diminution des sommes allouées par le présent traité, sur les produits bruts de l'octroi. Ces dépenses, non comprises au traité, devront être approuvées par l'autorité compétente, pour une ou plusieurs années, suivant le vote du Conseil municipal, et dans les formes prescrites par l'article 10 de l'ordonnance du 9 décembre 1814.

Art. 7. Les receveurs verseront le montant de leurs recettes, pour le compte de l'octroi, dans la caisse municipale, aux époques déterminées par l'article 67 de l'ordonnance du 9 décembre 1814.

Art. 8. Le présent traité subsistera de plein droit, conformément à l'article 96 de l'ordonnance précitée, jusqu'à ce que la commune ou la régie en ait notifié la cessation. Cette notification aura toujours lieu, de part et d'autre, six mois au moins à l'avance.

Art. 9. Néanmoins, dans le cas où, par suite de changements notables dans le tarif ou la consistance de l'octroi, l'une des deux parties croirait devoir demander une autre convention sur de nouvelles bases, le présent traité cesserait d'avoir son effet à l'époque même où les dispositions qui introduiraient des changements dans le tarif ou la consistance de l'octroi seraient mises en vigueur, sans qu'il fût nécessaire de dénoncer la rupture du traité six mois à l'avance, comme dans le cas prévu par l'arrêté précédent.

Art. 10. Le présent traité recevra son effet à partir du

Fait et arrêté triple à   le   18

Le maire,   Le directeur,

MODÈLE

D'un Traité d'abonnement avec la corporation des bouchers (1).

———

L'an mil huit cent   le   du mois
d   devant nous, maire de la commune
d   département d

Sont comparus :

MM. (*indiquer les noms et prénoms des comparants*), tous marchands bouchers établis dans ladite commune.

Lesquels, voulant profiter des dispositions de la circulaire ministérielle du 10 septembre 1818, qui autorise les abonnements collectifs avec les bouchers, à l'effet de se rédimer des droits d'octroi qu'ils auraient à payer à mesure de l'introduction des bestiaux qu'ils destinent à la consommation des habitants de la commune, ont fait les offres suivantes, à l'exécution desquelles ils s'engagent conjointement et solidairement, et sans qu'ils puissent s'y soustraire pour quelque cause que ce soit, savoir :

Art. 1ᵉʳ. Les comparants payeront à la commune, entre les mains du receveur municipal, par douzième, de mois en mois et d'avance, la somme annuelle de
à titre d'abonnement, laquelle sera répartie entre eux dans la proportion suivante :

———

(1) Cet acte est rédigé en triple expédition. L'une d'elles est adressée par le préfet, avec son avis en forme d'arrêté, au directeur général des contributions indirectes.

M.   la somme de (*en toutes lettres*) ci....   fr.   c.
M.   la somme de (*en toutes lettres*) ci....   fr.   c.

ART. 2. Ils demeureront solidairement responsables envers la commune, les uns pour les autres, et un seul pour le tout des sommes ci-dessus énoncées, dans le cas de non-payement d'un ou de plusieurs d'entre eux.

ART. 3. Ils nommeront un syndic chargé de représenter la corporation des bouchers auprès de l'autorité locale, d'opérer les versements à faire entre les mains du receveur municipal, en tirer quittance et conférer avec qui de droit sur tous les objets relatifs au présent traité, comme aussi de fournir tous les renseignements ultérieurs auxquels ce traité pourra donner lieu.

Ils promettent de se conformer, chacun en ce qui le concerne, à tout ce qui aura été déterminé à ce sujet par l'autorité locale.

ART. 4. Les exercices des préposés de l'octroi seront repris aussitôt après l'expiration du présent abonnement, si toutefois il n'est pas renouvelé, ou après la révocation qui en serait prononcée par l'autorité supérieure, à défaut de payement d'un terme échu.

ART. 5. Dans le cas où l'un des contractants, par une circonstance extraordinaire ou imprévue, serait forcé de cesser son commerce, la somme pour laquelle il aurait été porté au rôle sera répartie sur les autres abonnés, au marc le franc de leur quote-part.

ART. 6. Tout individu qui viendra s'établir dans la commune en qualité de boucher, pendant la durée du présent traité, sera de droit compris dans la répartition du montant de l'abonnement pour le temps qui s'écoulera jnsqu'à son expiration; il payera la somme que fixera le maire, et cette somme tournera au profit de la corporation. Toutefois, cette fixation spéciale ne sera applicable que pour la première année de l'établissement du nouveau boucher.

Art. 7. Attendu les mutations qui pourraient survenir pendant la durée de l'abonnement, il demeure arrêté que le syndic convoquera, chaque année, au plus tard le 1er décembre, une assemblée générale de la corporation, laquelle arrêtera, en présence du maire, la nouvelle répartition qui sera jugée devoir être établie pour l'année suivante.

Art. 8. La viande dépecée, introduite par des particuliers, restera assujettie, à son entrée, au droit fixé par le tarif, et la commune en fera la perception à son profit, ainsi que des droits résultant de l'abatage des bestiaux par les particuliers.

Art. 9. Le présent abonnement est proposé pour *une*, *deux* ou *trois années* (*jamais plus*), qui commenceront à courir le   et finiront au 31 décembre 18   ; ledit abonnement ne sera exécutoire qu'après son approbation par l'autorité compétente.

Art. 10. Afin d'éviter toute discussion et toute fausse interprétation, il est formellement exprimé que les droits d'octroi dont les contractants entendent se rédimer sont ceux qu'ils auraient à acquitter pour (*indiquer l'espèce des bestiaux*), qu'ils livreront à la consommation de la commune.

Art. 11. Les contractants déclarent choisir pour leur syndic le sieur (*nom et prénoms*), l'un d'eux, lequel accepte et sera chargé de discuter et de soutenir les intérêts de la corporation devant le maire, et demeure responsable de l'exécution des articles du présent acte.

(*Suivent les signatures des contractants.*)

Le maire de la commune d   dûment autorisé par le Conseil municipal, après avoir reconnu que la somme offerte par la corporation des bouchers représente l'équivalent des droits qu'ils auraient à payer par exercice, accepte ledit abonnement aux clauses et conditions stipulées dans les articles ci-dessus, sous toute réserve d'approbation par l'autorité supérieure.

Le maire,

PROCÈS-VERBAL D'ADJUDICATION
de l'Octroi municipal d
pour les années

L'an mil huit cent

le   à   heure (2)   midi ,

Nous (3)

d   nous sommes rendus (4)

      d

où se sont trouvés (5)

pour procéder à l'adjudication de l'octroi de

ladite (6)   d   ainsi qu'il

a été indiqué par les avis insérés dans les

journaux de   et les

affiches qui ont été apposées en cette (6)

      les (7)   et insérées

également dans les mêmes journaux , des-

quelles affiches suit la teneur :

DÉPARTEMENT *d*

OCTROI *d*

Il sera procédé le (8)

(4)   par le (3)   à

l'adjudication, au plus offrant et dernier

enchérisseur, à titre de (9)   des

droits de l'octroi municipal de ladite (6)

      pour   années

qui commenceront le   mil huit

cent   et finiront le trente

et un décembre mil huit cent

Les droits sont établis sur (10)

La première mise à prix est fixée à

8.

On n'admettra aux enchères que des personnes d'une moralité, d'une solvabilité et d'une capacité reconnues, et qui, après s'être fait inscrire sur le tableau des candidats, auront obtenu du maire, quatre jours au moins avant l'adjudication, un certificat d'admission, sauf le recours au préfet.

Aucune personne attachée à l'administration des contributions indirectes, aux administrations civiles, aux tribunaux, ou ayant une surveillance ou juridiction quelconque sur l'administration de l'octroi, ne pourra, sous peine de résiliation de bail sans indemnité et de tous dommages-intérêts, être ni adjudicataire, ni associée de l'adjudicataire (1).

Ne pourront pareillement être admis aux enchères ceux qui font commerce de quelques-uns des objets compris au tarif (2).

Le cahier des charges, clauses et conditions de l'adjudication est déposé au secrétariat de la mairie, où il en sera donné connaissance à toutes les personnes qui s'y présenteront ; il leur sera également fourni tous les renseignements qu'elles pourront désirer, tant sur le montant des produits que sur la nature, le nombre et la qualité des objets qui ont été imposés depuis l'établissement de l'octroi.

Fait (3)   d   le

    mil huit cent   *Signé*

Ladite adjudication devant avoir lieu aux charges, clauses et conditions suivantes :

ARTICLE 1ᵉʳ. L'adjudicataire sera tenu de se conformer, pour la perception et tout ce qui est relatif à l'octroi, au

---

(1) Article 127 du décret du 17 mai 1809.

(2) Articles 145 du décret du 17 mai 1809 et 63 de l'ordonnance du 9 décembre 1814.

(3) En l'hôtel de ville *ou* à la mairie.

règlement   et au   tarif   approuvés par
d   (1)

desquels règlement   et tarif   un exemplaire est joint
au présent.

Art. 2. L'adjudicataire ne pourra changer le placement
des bureaux de perception, ni en diminuer le nombre, qu'en
vertu d'un décret rendu dans la forme prescrite par les articles 7 et 8 de l'ordonnance du 9 décembre 1814.

Dans l'intérêt des perceptions du Trésor, le chef de service des contributions indirectes pour l'arrondissement sera
appelé à donner son avis sur ces changements.

Art. 3. Les objets destinés à la consommation de la commune étant seuls passibles des droits d'octroi, la perception
ne pourra s'en faire, pour ceux qui seront déclarés en
passe-debout, transit ou entrepôt, lorsque les formalités
prescrites auront été remplies.

Art. 4. L'adjudicataire ne pourra exiger, pour toute expédition timbrée, plus de 10 centimes (2). Il en versera intégralement le produit aux caisses de la régie des contributions indirectes.

Art. 5. Toute perception non autorisée par le tarif et le
règlement sera réputée concussion et punie comme telle.

L'adjudicataire sera responsable des condamnations pé-
cuniaires qui pourraient être prononcées pour ce fait contre
ses préposés.

Art. 6. Les recettes sont portées, jour par jour, article
par article, sans aucun blanc ni transposition ou interligne,
sur des registres à souche. L'adjudicataire sera tenu de les

---

(1) Indiquer la date de chacune des ordonnances, décrets et de chacun des arrêtés, s'il y en a plusieurs.

(2) Articles 243 de la loi du 28 avril 1816 et 66 de l'ordonnance du
9 décembre 1814.

communiquer sans déplacement au maire , au préposé en chef de l'octroi et aux employés supérieurs des contributions indirectes.

Pour la forme et la tenue des registres, papiers de service et autres écritures relatives soit à la perception, soit à la comptabilité, l'adjudicataire se conformera aux dispositions générales des articles 68 , 69 et 70 de l'ordonnance du 9 décembre 1814 et de l'article 241 de la loi du 28 avril 1816.

Art. 7. Les droits d'octroi éventuels sur les objets entreposés appartiendront à l'adjudicataire, à partir de sa jouissance et jusqu'à l'expiration du bail.

L'adjudicataire sera responsable des altérations ou avaries constatées à l'égard des objets en entrepôt réel, si elles proviennent de son fait ou de celui de ses préposés.

Art. 8. Les droits constatés, et qui n'auront pas été recouvrés pendant la durée de l'adjudication, appartiendront au fermier sortant.

En conséquence, il sera fait, en présence du maire, à l'expiration du bail, un état de ces restes à recouvrer, au bas duquel le nouvel adjudicataire ou le receveur du bureau central se chargera d'en faire gratuitement le recouvrement à l'amiable, pour en compter de clerc à maître ; mais s'il fallait en venir à des poursuites, elles seront faites par le fermier sortant.

Art. 9. Si quelques objets de consommation autres que ceux qui sont dénommés au tarif étaient assujettis aux droits pendant la durée du bail ; si le rayon de la perception était étendu par de nouvelles dispositions réglementaires, ou s'il était simplement fait une addition quelconque à la quotité des droits portés audit tarif, l'adjudicataire compterait de clerc à maître du produit des nouveaux droits.

Dans les deux premiers cas, il sera alloué, s'il y a lieu,

à l'adjudicataire, pour frais extraordinaires de perception, une remise qui sera déterminée par **M.** le ministre des finances, sur la proposition de l'autorité locale et du préfet : il sera néanmoins facultatif à la commune de traiter avec l'adjudicataire pour que le prix du bail soit augmenté dans la juste proportion du produit de l'accroissement des droits.

Dans le dernier cas, l'adjudicataire devra compter gratuitement du produit de ces additions.

ART. 10. Si le gouvernement diminue les droits portés au tarif, ou si l'on restreint les limites de la perception, le prix de l'adjudication sera réduit, sous l'approbation du ministre des finances, proportionnellement à la diminution de recette qui sera jugée devoir en être la suite, eu égard aux circonstances locales.

ART. 11. L'adjudicataire devra donner connaissance au maire et au préposé en chef de tous les procès-verbaux de fraudes ou contraventions concernant exclusivement l'octroi, et de toutes les contestations judiciaires relatives à la perception.

Les transactions qu'il consentira, soit avant, soit après jugement, ne seront définitives qu'après l'approbation du maire, sauf recours au préfet.

Aucune instance ne pourra être introduite qu'avec l'autorisation du maire, et d'après l'avis du préposé en chef.

En cas de refus d'autoriser l'instance, ou l'abandon de l'affaire, il en sera référé au préfet, qui statuera.

Les frais d'instance et de poursuites seront à la charge du fermier.

ART. 12. Lorsque les saisies seront communes aux deux administrations des contributions indirectes et de l'octroi, la suite en appartiendra exclusivement au directeur de la régie, à qui les procès-verbaux seront adressés, et qui dirigera les poursuites au nom de l'une et de l'autre administration, à l'effet d'obtenir jugement, conformément aux lois particulières à chacune d'elles : il transigera même, après jugement rendu, suivant les règles qui sont propres à cette même régie (1).

ART. 13. En matière de saisies exclusivement relatives à l'octroi, la moitié du produit des amendes et confiscations, déduction faite des frais et prélèvements autorisés, appartiendra à l'adjudicataire, soit que ces amendes aient été prononcées par jugement, soit qu'il y ait eu transaction ; il versera l'autre moitié dans la caisse municipale à la fin de chaque mois, et même plus tôt s'il en est requis par le maire (2).

ART. 14. Les employés de la régie saisissants, ou concourant à une saisie d'octroi, jouiront du partage qui leur est dévolu par le § 2 de l'article 240 de la loi du 28 avril 1816, dans les proportions établies par l'article 84 de l'ordonnance du 9 décembre 1814.

De même, en matière de saisie commune faite par les employés de l'octroi, ou à laquelle ils auraient concouru, l'adjudicataire et la ville auront droit à partage dans la portion des amendes et confiscations qui se rattachent aux droits spéciaux du Trésor.

Dans le cas prévu au § 3 de l'article 240 de la loi du 28 avril, l'adjudicataire et la commune bénéficieront du tiers affecté à la Caisse des retraites par le § 1er de ce même article.

ART. 15. L'adjudicataire tiendra des registres et rendra des comptes particuliers à qui de droit pour le produit des

---

(1) Article 83 de l'ordonnance du 9 décembre 1814.
(2) Articles 84 de la même ordonnance et 126 du décret du 17 mai 1809.

amendes, selon leur nature et leur destination, ainsi que pour le produit des timbres.

ART. 16. Il sera tenu, sous peine de dommages et intérêts, et même de résiliement du bail sans indemnité :

1° D'exercer tous les divers genres de surveillance et de remplir toutes les obligations prescrites par l'article 92 de l'ordonnance du 9 décembre 1814, y compris le devoir de surveiller l'introduction et la circulation des poudres et salpêtres ;

2° De souffrir le concours des employés des contributions indirectes dans tous les cas où il doit avoir lieu ; de leur laisser faire dans ses bureaux toutes les vérifications et opérations relatives à leur service ; de leur représenter et donner communication, sans déplacement, de tous états, registres et documents dont ils auront besoin ;

3° De faire concourir ses préposés au service des contributions indirectes, sans toutefois les déplacer des lieux où ils exercent leurs fonctions;

4° De faciliter, en tout ce qui dépendra de lui, la surveillance dont serait chargé, soit le préposé en chef, soit l'employé des contributions indirectes commis à cet effet dans l'intérêt du Trésor ;

5° De remettre chaque jour, à l'employé en chef des contributions indirectes, un relevé des objets frappés du droit au profit du Trésor qui auront été introduits (1) ;

6° De se conformer, lorsqu'il y aura une Caisse de pensions en faveur des employés de l'octroi, aux dispositions établissant des retenues sur les appointements de ces préposés et sur les parts de saisies qu'il touche en leur nom, pour former un fonds de retraite (2).

---

(1) Article 92 de l'ordonnance du 9 décembre 1814.
(2) Avis du Conseil d'État du 1er septembre 1818, notifié aux préfets par une circulaire du ministre de l'intérieur, du 27 octobre suivant.

Art. **17.** L'adjudicataire ne pourra, sous aucun prétexte, se faire remplacer par un mandataire qu'autant que ce dernier aura été agréé par le préfet, sur l'avis du maire, pour les communes non assujetties au droit d'entrée, et sur l'avis du maire et du directeur des contributions indirectes du département, pour les communes soumises au droit d'entrée au profit du Trésor.

Le préfet pourra, quand il le croira utile, retirer son autorisation.

Art. **18.** Si l'adjudicataire en est requis, il fera percevoir par ses préposés les droits d'entrée et la taxe unique établis pour le Trésor. Les sommes en provenant seront à la disposition de la régie des contributions indirectes, qui fera exercer, relativement à ces perceptions, tel genre de contrôle et de surveillance qu'elle jugera nécessaire (1), règlera le mode et les époques de leur versement, ainsi que la quotité de la remise qu'il y aurait lieu d'accorder à l'adjudicataire.

Si la régie charge de la perception desdits droits des préposés commissionnés par elle, l'adjudicataire sera tenu de les placer, avec ses propres receveurs, dans les bureaux établis pour la perception des droits d'octroi.

Art. **19.** L'adjudicataire aura le libre choix de ses préposés, et la faculté de les révoquer à volonté. Néanmoins le préfet pourra, sur la demande du maire, du sous-préfet ou du directeur des contributions indirectes, après avoir entendu l'adjudicataire, révoquer les préposés qui auraient donné lieu à des plaintes fondées, et qui ne rempliraient pas convenablement leurs fonctions dans l'intérêt de la commune et du Trésor (2).

---

(1) Article 154 de la loi du 28 avril 1816.

(2) Articles 57 de l'ordonnance du 9 décembre 1814 et 156 de la loi du 28 avril 1816.

Art. 20. Tout préposé de l'octroi qui, étant en fonctions depuis un an, ne serait pas conservé par l'adjudicataire au moment de sa mise en jouissance, ou pendant les trois mois qui la suivent, recevra de cet adjudicataire, à titre d'indemnité, deux mois de traitement, pourvu qu'il ne soit pas révoqué pour mauvaise conduite ou prévarication constatées (1).

Art. 21. L'adjudicataire ne pourra proposer à la nomination du préfet que des individus qui auront au moins vingt et un ans, et seront porteurs d'un certificat authentique de bonnes mœurs.

Ces préposés ne pourront être installés qu'après avoir été commissionnés par le préfet, et avoir prêté serment devant le tribunal de première instance, ou devant le juge de paix des lieux où il n'y a pas de tribunal de cet ordre (2).

Art. 22. L'adjudicataire sera tenu de payer les appointements de ses préposés, par douzième, à la fin de chaque mois.

Le montant de ceux du préposé en chef, fixé à   par décision du ministre des finances, en date du   sera versé aux mêmes époques dans la Caisse du receveur municipal (3).

Art. 23. A dater de son entrée en jouissance, l'adjudicataire versera de mois en mois, et d'avance, le douzième du prix de l'adjudication entre les mains du receveur de la commune.

---

(1) Article 120 du décret du 17 mai 1809.

(2) Articles 6 et 7 de la loi du 27 frimaire an VIII ; 138, 139, 140, 141 et 142 du décret du 17 mai 1809 ; 156 de la loi du 28 avril 1816.

(3) Ce paragraphe devra être retranché lorsqu'il n'existera pas de préposé en chef près l'octroi, ou, s'il en existe, lorsque le traitement de cet emploi n'aura pas été mis à la charge de l'adjudicataire.

Il se conformera à ce mode de versement, quand même il aurait formé une demande en indemnité sur laquelle il serait encore en instance.

Art. 24. A défaut par l'adjudicataire de satisfaire exactement aux versements prescrits par l'article précédent, il sera poursuivi par toute voie de droit et même par corps. Indépendamment de ces poursuites, le maire ourra, avec l'autorisation du préfet, fermer provisoirement les mains à l'adjudicataire, et faire verser directement à la Caisse municipale, par les receveurs de l'octroi, les fonds provenant de leurs recettes, jour par jour, sous leur responsabilité personnelle.

Art. 25. Tous les bâtiments, meubles, effets et ustensiles actuellement employés à la perception de l'octroi, ainsi que les registres, papiers et instructions, seront délivrés sans frais à l'adjudicataire, à la charge de les remettre en même état à la fin de sa jouissance. Il en sera dressé entre lui et le maire un inventaire, dont un double sera déposé au secrétariat de la mairie.

Art. 26. Si, à l'expiration du bail, la commune procède à une adjudication nouvelle, le même inventaire sera dressé en triple expédition entre le fermier sortant et son successeur, et l'une de ces expéditions sera remise au secrétariat de la mairie : le nouvel adjudicataire sera tenu de reprendre ceux desdits objets qui auraient été acquis par le précédent fermier ou régisseur, et de lui en payer la valeur actuelle, à dire d'experts, dans le mois de son entrée en jouissance.

Art. 27. Si l'amélioration du service exige de nouveaux établissements, le bail durant, ils seront formés, après que le besoin et l'utilité en auront été constatés et reconnus par le Conseil municipal, avec l'autorisation du ministre des finances, si la ville est assujettie au droit d'entrée pour le compte du Trésor et du préfet, si la commune n'est pas soumise à ce droit (1).

La dépense en résultant sera avancée par l'adjudicataire, qui en retiendra le montant, par égales portions, sur les fonds qu'il aura à verser à la Caisse municipale.

Art. 28. Avant d'être mis en possession, l'adjudicataire fournira, à ses frais, par acte notarié, un cautionnement égal au quart du prix annuel de l'adjudication, en immeubles situés dans l'étendue du département, ou dans les départements limitrophes.

Ces immeubles seront libres de tous priviléges, charges et hypothèques, et il en sera justifié par un certificat du conservateur des hypothèques.

Leur valeur sera constatée par un extrait de la matrice du rôle de la contribution foncière, indiquant leur revenu net, et déterminée sur le pied de vingt fois ce revenu.

L'adjudicataire sera tenu de prendre, à ses frais, une inscription hypothécaire à la requête du maire, pour sûreté dudit cautionnement, sur les immeubles y affectés.

Le cautionnement en immeubles pourra être remplacé, au choix de l'adjudicataire, par un cautionnement de la somme de (2)　　　　　　　en numéraire ou en rentes sur l'État (3).

Si la commune est sujette au droit d'entrée ou de taxe unique, l'adjudicataire sera, en outre, tenu de fournir au Trésor un cautionnement en numéraire du vingt-cinquième du montant des recettes effectuées au profit du Trésor, d'a-

---

(1) Article 10 de l'ordonnance du 9 décembre 1814.

(2) Le montant du cautionnement sera réglé par l'autorité locale, qui pourra le réduire au-dessous du quart de la mise à prix.

(3) Les inscriptions en rentes sur l'État seront admises, savoir : les rentes 5 pour 100, au cours de 75 francs, et les rentes 4 et 4 1/2 pour 100, au pair. (Ordonnance du 19 juin 1825, art. 2.)

près la moyenne des quantités des trois années précédentes, auxquelles on appliquera le taux actuel du droit d'entrée ou de taxe unique (1).

Art. 29. La restitution des sommes versées en vertu de l'article précédent et la décharge du cautionnement en immeubles, comme la radiation de l'inscription hypothécaire, ne seront consenties qu'après la reddition des comptes de l'adjudicataire et la remise des registres, pièces de comptabilité et autres objets indiqués articles 25 et 26.

Art. 30. Sont à la charge de l'adjudicataire :

1° Les traitements des préposés, y compris celui du préposé en chef (2) ;

2° Les loyers des bureaux et de tous bâtiments nécessaires à l'exploitation ;

3° Les réparations locatives et l'entretien de tous les meubles et ustensiles, tous les frais de bureau et de perception, ceux d'instance pour contestations ou contraventions, ainsi que les dépens auxquels il pourrait être condamné ;

4° Les frais de   exemplaires du règlement et du tarif en cahier format in-4°, et de   exemplaires en placard ;

5° Ceux de publication et d'affiches pour parvenir à l'adjudication ;

6° Ceux de timbre et d'enregistrement de l'adjudication ;

7° Les frais d'exercices faits pour le compte de l'octroi par les employés des contributions indirectes, dans le cas prévu par l'article 91 de l'ordonnance du 9 décembre 1814,

---

(1) Article 159 de la loi du 28 avril 1816. Le minimum de ce cautionnement ne pourra être au-dessous de 200 francs. Il sera réglé par le directeur, qui pourra proposer de le réduire au-dessous du vingt-cinquième des recettes dans les villes soumises à la taxe unique.

(2) Voir la note relative à l'article 22.

chez les entrepositaires de boissons, les brasseurs et les distillateurs, lesquels ont été fixés, par décision ministérielle du 20 décembre 1816, à 5 pour 100 des produits constatés au profit de l'octroi, tant sur les ventes faites à l'intérieur par les entrepositaires, que sur les manquants à leurs charges ;

8° Les dépenses relatives tant à la fourniture des registres et impressions communes aux deux services, dans la proportion déterminée par l'article 69 de la même ordonnance, qu'à celle des registres et autres impressions spéciales à l'octroi, ainsi qu'à la fourniture des instruments et ustensiles dont les articles 68 et 93 de ladite ordonnance prescrivent l'usage.

ART. 31. La commune garantissant la jouissance pleine et entière des droits et des moyens de perception résultant d tarif et d règlement qui sont la base de la présente adjudication, l'adjudicataire ne pourra être reçu, sous aucun prétexte, à demander le résiliement du bail ou des indemnités, ni à compter de clerc à maître, hors les cas prévus par l'article 9 ci-dessus et par l'article ci-après :

ART. 32. Si, pour des causes majeures, le gouvernement ordonnait le résilîment du bail, l'indemnité à accorder à l'adjudicataire sera du douzième du prix annuel du bail, si ce résilîment a lieu dans la première ; du dix-huitième dans la seconde, et du trente-sixième dans la troisième année (1).

ART. 33. L'adjudicataire sera tenu de former chaque mois, en présence du maire, et concurremment avec les principaux préposés de l'octroi et des contributions indirectes, quatre bordereaux de recettes et dépenses, dont un pour mi-

---

(1) Passé généralement en usage.

nute, un pour la mairie, et les autres, signés du maire et visés par le sous-préfet, pour être envoyés au directeur des contributions indirectes (1).

Il sera formé, en outre, à la fin des mois de mars, juin, septembre et décembre, une expédition en plus, pour être transmise à l'administration centrale des contributions indirectes par l'entremise du directeur.

ART. 34. Les contestations qui pourraient s'élever entre la commune et l'adjudicataire, sur le sens des clauses du bail, seront déférées au préfet, qui statuera en Conseil de préfecture, sauf recours au gouvernement, conformément à l'article 136 du décret du 17 mai 1809.

ART. 35. Dans les vingt-quatre heures après l'adjudication, tous ceux qui auront obtenu un certificat d'admission pourront faire signifier au maire ou au sous-préfet une surenchère, pourvu qu'elle soit au moins d'un douzième en sus du prix de ladite adjudication ; auquel cas, il sera procédé sans différer à la réception de nouvelles enchères, mais seulement entre cet enchérisseur et l'adjudicataire.

Toute surenchère faite après les vingt-quatre heures, ou autrement que par le ministère d'un huissier, ne sera pas admise (2).

ART. 36. L'adjudication ne sera définitive, et l'adjudicataire ne pourra, sous aucun prétexte, être mis en possession, qu'après que le bail aura été approuvé par le ministre des finances ; que l'adjudicataire aura fourni les cautionnements exigés, et qu'il aura justifié du versement du premier mois d'avance (3).

---

(1) Au chef-lieu du département, il suffira d'une expédition pour le directeur, et on ne formera que *trois* bordereaux.

(2) Article 117 du décret du 17 mai 1809.

(3) Articles 121 et 135 du décret du 17 mai 1809.

Art. 37. L'adjudicataire ne pourra transférer l'effet de son adjudication, en tout ou en partie, sans le consentement exprès de l'autorité locale, approuvé par le ministre des finances.

Art. 38. Il ne pourra, en aucun cas, faire des remises de droits aux contribuables; il ne pourra non plus consentir d'abonnements qu'avec les corporations, et ces abonnements ne seront valables qu'autant qu'ils auront été approuvés par le ministre des finances (1).

Il lui est interdit de délivrer par lui-même aucune quittance ni aucun bulletin d'entrée ou de sortie, de déchargement, de crédit, passe – debout, transit ou entrepôt, ni employer pour la perception d'autres registres que ceux indiqués en l'article 6.

Toutefois, le fermier pourra, si des circonstances particulières l'exigent, être autorisé par le préfet à effectuer lui-même la perception; cette autorisation sera donnée :

1° Sur l'avis du maire, pour les communes non sujettes au droit d'entrée;

2° Sur l'avis du maire et du directeur des contributions indirectes du département, pour les communes soumises au droit d'entrée au profit du Trésor. Si le préfet accorde l'autorisation, il délivrera à l'adjudicataire une commission spéciale, et ce dernier sera tenu de prêter serment comme les préposés.

Art. 39. L'adjudicataire ne pourra, sous peine de résiliation de bail et de tous dommages-intérêts, faire, directement ou indirectement, le commerce d'objets compris au

---

(1) Ces abonnements doivent être dressés conformément au modèle donné par la régie. L'abonnement n'est valable avec un contribuable seul, qu'autant qu'il n'existe pas, dans le rayon sujet, d'autre assujetti exerçant la même profession.

tarif. Il ne pourra, sous les mêmes peines, constituer, à l'effet de le suppléer ou remplacer, un fóndé de pouvoirs faisant le commerce desdits objets (1).

ART. 40. Si l'adjudicataire décède avant la fin de sa jouissance, les obligations résultant de l'adjudication passeront sur la tête de ses héritiers, à moins qu'ils ne renoncent à la succession, et si le cautionnement a été fourni par un tiers, la caution pourra obtenir d'être subrogée aux droits de l'adjudicataire.

En cas d'absence prolongée sans nouvelles, ou de fuite constante, le maire prendra, de concert avec l'employé supérieur de la régie, et avec la caution, s'il y a lieu, les mesures convenables pour assurer les droits de la commune et du Trésor.

ART. 41. Immédiatement après l'adjudication, et avant d'en signer le procès-verbal, l'adjudicataire, s'il a des associés, fera la déclaration de leurs prénoms, noms, professions et demeures. Il joindra au procès-verbal l'acte de société, s'il en existe un, et ses associés signeront avec lui le procès-verbal (2).

ART. 42. A défaut d'exécution des clauses et conditions ci-dessus, le maire pourra, avec l'approbation du préfet, et après sommation ou commandement à l'adjudicataire et à la caution, provoquer une adjudication à la folle enchère, et commettre, s'il y a lieu, à leurs risques et périls, une ou plusieurs personnes pour assurer provisoirement la perception jusqu'à la mise en jouissance du nouvel adjudicataire, et sauf les poursuites résultant de la folle enchère (3).

---

(1) Articles 145 du décret du 17 mai 1809, et 63 de l'ordonnance du 9 décembre 1814.

(2) Article 116 du décret du 17 mai 1809.

(3) Article 131 du même décret.

Art. 43. Le prix fixe de l'adjudication, à quelque somme que s'élèvent les produits, sera garanti dans son intégrité, et versé aux époques et de la manière prescrites par l'article 23 du présent cahier des charges (1).

Art. 44. Tous les frais et toutes les dépenses à la charge de l'adjudicataire sont abonnés à

pour cent du prix fixe de l'adjudication, qui seront prélevés à son profit sur ce qui excédera ledit prix.

S'ils ne s'élèvent pas à cette quotité, l'adjudicataire bénéficiera du surplus.

Si les produits sont insuffisants, le déficit sera à sa charge.

Art. 45. Sur le produit brut de la perception excédant : 1° le prix fixe de l'adjudication ; 2° les frais de régie, fixés à   pour cent, il sera accordé au régisseur un bénéfice dans les proportions ci-après :

Sur les premiers   francs

Sur les   francs
suivants,

Sur tout le reste

Art. 46. Le partage des bénéfices excédant le prix fixe du bail et les frais abonnés sera fait à la fin de chaque année ; il ne sera que provisoire. La portion qui reviendra à la commune dans ce partage sera versée aussitôt dans la Caisse municipale.

A l'expiration du bail, il sera fait le compte de la totalité des bénéfices, pour établir une année commune, d'après laquelle la répartition sera définitivement arrêtée, confor-

---

(1) Cet article, de même que les suivants, concerne exclusivement les régies intéressées.

mément aux proportions déterminées par le présent cahier des charges.

Art. 47. Dans le premier mois de la deuxième année, le régisseur présentera son compte, à la vérification et à l'arrêté duquel il sera procédé le plus promptement possible par le maire, et, au plus tard, dans le deuxième mois de cette seconde année, en présence du directeur des contributions indirectes ou de son délégué, de manière que le compte soit apuré avant la fin du deuxième mois.

Il en sera de même chaque année pour l'année précédente.

Lecture faite à haute et intelligible voix de tout ce qui précède, et après avoir annoncé que les personnes qui ont été admises aux enchères, ainsi qu'il a été indiqué aux affiches, sont MM. (1).

Nous avons déclaré qu'il allait être procédé à la réception des enchères, dont chacune ne pourra être inférieure à la somme de

sur une première mise à prix de

et que l'adjudication n'aura lieu que lorsqu'un feu se sera éteint sans que, pendant sa durée, il ait été fait aucune enchère.

---

(1) Noms, prénoms et professions.

Ayant fait allumer un premier feu, le prix a été porté à

par (1)
(2)

Un autre feu ayant été allumé et s'étant éteint sans enchère, nous avons déclaré que l'adjudication était faite au prix annuel de (3)

à

lequel a déclaré (4)

(5)

à l'entière exécution des charges, clauses et conditions de la présente adjudication, sous la garantie de tous leurs biens meubles et immeubles, solidairement, sans division ni discussion (6).

---

(1) Indiquer exactement les noms, prénoms, professions et demeures.

(2) Si, pendant le premier feu, il est fait plusieurs enchères, on les indique successivement :
à
par
à
par
etc.
(Puis l'on continue.)
Ce feu étant éteint, il en a été allumé un autre, pendant lequel le prix a été porté à
par
etc.

(3) S'il existe un préposé en chef, l'on ajoute, après le prix du bail : *plus par an pour le traitement du préposé en chef.* Versé entre les mains du receveur municipal, ce traitement doit être considéré comme faisant partie du prix du bail ; dès lors, l'addition ci-dessus est nécessaire, quoique déjà, par les articles 22 et 30 du cahier des charges, ledit traitement soit imposé au fermier.

(4) *N'avoir point d'associés et se soumettre* ou *avoir pour associés les sieurs* (noms, prénoms, professions et demeures).

(5) Si les associés sont présents, il faut : *lesquels se sont soumis avec lui.*
S'ils sont absents, l'on continue ainsi : *dont il s'engage à fournir la ratification, se soumettant, tant pour eux que pour lui.*

(6) Toutes les personnes indiquées en tête du procès-verbal doivent signer après l'adjudication, ainsi que l'adjudicataire et ses associés présents.

TARIF DES DROITS D'OCTROI DE PARIS,

Approuvé par décret impérial du 3 novembre 1855.

NUMÉRO des articles.	DÉSIGNATION DES OBJETS assujettis aux droits.	UNITÉ sur laquelle portent les droits.	DROITS D'OCTROI, décimes non compris (1).	DISPOSITIONS RÉGLEMENTAIRES.
			fr. c.	
	Boissons et alcools dénaturés.			
1	Vins en cercles.....	hectol.	10 »	1 La vendange payera le même droit que le vin, dans la proportion de trois hectolitres de vendange pour deux de vin.
2	Vins en bouteilles...	Id.	17 »	
3	Alcool pur contenu dans les eaux-de-vie et esprits en bouteilles, liqueurs, fruits à l'eau-de-vie..............	Id.	23 50	2 Les vins introduits à la main dans des vases d'une contenance supérieure à cinq litres payeront le droit dans la proportion de celui fixé pour les vins en cercles.
4	Cidres, poirés et hydromels.............	Id.	3 80	3 La bouteille inférieure au litre et la demi-bouteille sont assimilées aux litre et demi-litre pour la perception des droits sur les boissons et autres liquides mentionnés au présent tarif.
5	Alcools dénaturés { de 2 à 3 dixièmes.	Id.	7 »	
	de 3 à 4 dixièmes.	Id.	6 10	
	de 4 à 5 dixièmes.	Id.	5 20	
	au-dessus de 5 dixièmes.	Id.	4 30	

4 Les boissons, eaux de senteur, vernis et tout liquide ou préparation quelconque, mélangés d'alcool ou qui ont l'alcool pour base, autres que les alcools dénaturés, conformément aux prescriptions de l'ordonnance du 14 juin 1844, payent le droit à raison de la quantité d'alcool qu'ils contiennent.

5 Lorsque la nature de ces liquides ou mélanges ne permet pas de déterminer la quantité d'alcool nécessaire pour les préparer, ils acquittent à raison de 50 pour 100 de leur volume.

6 Les fruits et conserves à l'eau-de-vie, à l'huile ou au vinaigre, avec ou sans liquide, sont imposés sur leur volume total.

7 Les fruits secs à cidre et à poiré payeront le droit à l'entrée, dans la proportion de 50 kilogrammes de fruits pour un hectolitre de cidre ou de poiré.

(1) Ces taxes sont surmontées : 1° du décime par franc applicable à toutes les taxes d'octroi, établi par l'ordonnance du 10 août 1815, et maintenu indéfiniment par l'ordonnance du 17 août 1832 et par l'arrêté du gouvernement du 17 juin 1848 ; 2° du second décime pour franc, applicable à toutes les taxes autres que celles qui frappent les vins en cercles, les cidres et poirés, les bières fabriquées dans Paris et les viandes, établi par l'arrêté susvisé du 17 juin 1848, et maintenu jusqu'au 1er anvier 1871 par décret du 2 octobre 1851.

NUMÉRO des articles.	DÉSIGNATION DES OBJETS assujettis aux droits.	UNITÉ sur laquelle portent les droits.	DROITS D'OCTROI, décimes non compris. fr. c.	DISPOSITIONS RÉGLEMENTAIRES.
	Autres liquides.			
6	Vinaigres de toute espèce, fruits et conserves au vinaigre, verjus, sureau, hièble en fruits ou en jus, vins gâtés et lies liquides ou épaisses et toute autre substance ou liquide servant à la fabrication des vinaigres ou pouvant en tenir lieu.....	hectol.	10 »	8. Toute lie qui n'est pas dans un état de siccité complète est passible du droit.
7	Bière à l'entrée.....	Id.	3 80	9. L'acide acétique, les vinaigres concentrés et tous autres liquides qui, étendus, peuvent être employés comme vinaigre ordinaire, seront imposés en proportion de la quantité qu'ils en peuvent produire.
8	Bière à la fabrication.	Id.	2 85	10. Le droit est dû à l'entrée sur les huiles de toute espèce, quel que soit leur emploi.
9	Chasselas, muscat et autres raisins non foulés de toute espèce...	100 kil.	4 80	11. Les huiles de toute espèce, provenant de substances animales, végétales ou minérales, l'acide oléique et tous autres corps gras, pouvant être employés comme huile, cuits, altérés ou mélangés ensemble ou avec d'autres substances, sont soumis aux droits pour leur volume entier, et sont classés d'après la nature de l'huile imposée au droit le plus élevé qu'ils contiennent. Il n'est fait aucune déduction pour fèces, sédiment ou pied d'huile.
10	Huile d'olive, fruits et conserves à l'huile, huiles parfumées de toute espèce.........	hectol.	38 »	
11	Huile de colza, d'œillette, de faîne ou de toute autre espèce provenant de substances animales, végétales ou minérales ; acide oléique et toute substance pouvant être employée comme huile........	Id.	21 »	12. Les graines oléagineuses, les farines en provenant, sont soumises aux droits d'après la quantité d'huile qu'elles sont présumées contenir, et qui sera déterminée par l'administration de l'octroi, sous l'approbation de M. le préfet de la Seine.
12	Vernis de toute espèce, autres que ceux à l'alcool ; blanc de céruse, de zinc et autres couleurs en pâte, broyées ou préparées à l'huile, à l'acide oléique ou avec tous autres corps gras ; dégras de toute espèce, graisse dite *muciline*, fèces, pied d'huile et autres résidus.	Id.	9 50	13. Les tourteaux de ces mêmes graines qui ne seraient pas dans un état complet de dessiccation seront assujettis aux droits dans la proportion de l'huile qu'ils contiendront.
13	Essences de toute nature autres que celles parfumées ; goudrons liquides, résidus de gaz et autres liquides pouvant être employés comme essence.......	Id.	8 50	14. Les pieds de bœuf ou de vache provenant de l'extérieur ou sortant des abattoirs de Paris sont assujettis au droit des huiles autres que celle d'olive, à raison d'un litre d'huile pour dix pieds, ou dans la proportion.
				15. Les vernis, les dégras et autres produits désignés en l'article ci-contre, qui contiennent plus de moitié de leur volume en huile, acide oléique ou autres corps gras, sont imposés en entier au droit des huiles autres que celle d'olive.
				16. Les mastics acquittent pour la quantité d'huile qu'ils contiennent.

NUMÉRO des articles.	DÉSIGNATION DES OBJETS assujettis aux droits.	UNITÉ sur laquelle portent les droits.	DROITS D'OCTROI, décimes non compris.	DISPOSITIONS RÉGLEMENTAIRES.
				17 Les essences de térébenthine et autres, et toute substance pouvant être employée comme essence, cuite, altérée ou mélangée, sont taxées comme essence pure.
				18 Les feutres, cuirs, laines et objets quelconques, traités ou préparés à l'alcool ou à l'huile, qui laisseraient échapper de ces liquides ou dont il serait possible de les extraire, seront imposés en raison de la quantité totale qu'ils en contiendront.

Comestibles.

NUMÉRO des articles.	DÉSIGNATION DES OBJETS assujettis aux droits.	UNITÉ sur laquelle portent les droits.	DROITS D'OCTROI, décimes non compris.	DISPOSITIONS RÉGLEMENTAIRES.
			fr. c.	
14	Viande de bœuf, vache, veau, mouton, bouc et chèvre sortant des abattoirs de la ville de Paris............	100 kil.	8 85	19 Aucune déduction n'est faite sur le poids des animaux abattus de toute espèce, pour la peau qui y serait encore adhérente, ni pour les abats et issues qui n'en auraient point été séparés.
15	Les mêmes viandes venant de l'extérieur, fraîches ou salées, dites *à la main*............	Id.	10 55	20 Les langues de bœuf ou de vache payent comme viande ; on en évalue le poids lorsqu'elles tiennent encore à la tête. Les cervelles et rognons des mêmes animaux, les foies, ris et cervelles de veau et les rognons de mouton, détachés des issues, payent également comme viande.
16	Abats et issues de veau sortant des abattoirs ou venant de l'extérieur...............	Id.	7 55	
17	Porcs abattus, viande dépecée fraîche provenant de ces animaux, cochons de lait, graisses, gras de porc et ratis fondus ou non, sortant des abattoirs de la ville de Paris......	Id.	8 85	21 Le droit de la viande de boucherie à la main et celui des porcs abattus sont dus, conformément à l'article 36 de l'ordonnance du 9 déc. 1814, sur les animaux nés dans l'intérieur, ainsi que sur ceux vivants sous consignation et abattus exceptionnellement hors des abattoirs publics.
18	Les mêmes viandes et graisses comestibles de toute nature venant de l'extérieur, lards salés et petit-salé de porc..	Id.	10 55	
19	Saucissons, jambons, viandes fumées de toute espèce, et toute charcuterie.	Id.	20 70	
20	Abats et issues de porc sortant des abattoirs ou venant de l'extérieur...............	Id.	3 80	
21	Truffes, pâtés et terrines truffés, volaille et gibier truffés, faisans, gélinottes, ortolans et becfigues......	Id.	120 »	
22	Volailles de toute espèce, autres que			

NUMÉRO des articles.	DÉSIGNATION DES OBJETS assujettis aux droits.	UNITÉ sur laquelle portent les droits.	DROITS D'OCTROI, décimes non compris.	DISPOSITIONS RÉGLEMENTAIRES.
			fr. c.	
	dindes et oies domestiques, gibier à plume autre que celui désigné ci-dessus; sangliers, marcassins, chevreuils, daims, cerfs, lièvres et lapins de garenne, pâtés et terrines non truffés, viandes confites, anchois et autres poissons marinés ou à l'huile...............	100 kil.	30 »	
23	Dindes, oies et lapins domestiques, agneaux et chevreaux.........	Id.	15 »	22 Les agneaux et les chevreaux vivants, non conduits aux abattoirs, acquittent à raison de 60 pour 100 de leur poids brut.
24	Saumons, turbots, esturgeons, thon frais, barbues, truites, aloses, bars, éperlans, mulets, rougets-barbets, soles, homards, langoustes, crevettes et écrevisses.	Id.	60 »	
25	Tous autres poissons de mer ou d'eau douce.	Id.	15 »	
26	Huîtres ordinaires..	Id.	5 »	23 Les droits sur les huîtres seront perçus sur le poids brut, sans aucune déduction pour paniers, barils ou emballages, sauf le droit qu'aura toujours l'introducteur de déballer ses huîtres et de les faire peser séparément.
27	Huîtres de Marennes et huîtres marinées....	Id.	10 »	
28	Huîtres d'Ostende ou toutes autres que celles ci-dessus.............	Id.	15 »	
29	Beurres de toute espèce, frais ou fondus, salés ou non.........	Id.	10 »	
30	OEufs.............	Id.	2 50	

Combustibles.

NUMÉRO des articles.	DÉSIGNATION DES OBJETS assujettis aux droits.	UNITÉ sur laquelle portent les droits.	DROITS D'OCTROI, décimes non compris.	DISPOSITIONS RÉGLEMENTAIRES.
31	Bois à brûler d'essence autres que ceux dure, désignés ci-après....... d'essence tendre.	stère. Id.	2 50 1 85	24 En cas de mélange de bois dur, de bois blanc, de menuise, la distinction cessera d'être observée, et le droit le plus élevé sera appliqué sur la totalité du chargement.
32	Cotrets de bois dur autres que ceux de menuise.............	Id.	1 50	25 Tout cotret de bois dur ayant plus de 66 centimètres de longueur et de 50 centimètres de circonférence, et contenant moins de quatre morceaux, est imposé au droit du bois dur.
33	Menuise de bois dur ou de bois blanc, cotrets de menuise et fagots de toute espèce.	Id.	» 90	
34	Charbon de bois. ...	hectol.	» 50	26 La menuise est le bois rond coupé à la longueur de 1 mètre 13 centimètres, ayant moins de 16 centimètres de circonférence.
35	Poussier de charbon de bois.............	Id.	» 25	
36	Charbon de terre, coke et tourbe carbonisée..............	100 kil.	» 60	27 Les cotrets de menuise qui contiendraient des morceaux de 16 centimètres et au-dessus seront imposés comme cotrets de bois dur.

NUMÉRO des articles.	DÉSIGNATION DES OBJETS assujettis aux droits.	UNITÉ sur laquelle portent les droits.	DROITS D'OCTROI, décimes non compris.	DISPOSITIONS RÉGLEMENTAIRES.
			fr. c.	28 Les perches ayant moins de 16 centimètres de circonférence moyenne acquittent comme menuise ; de 16 à 38 centimètres, elles payent comme bois à brûler ; au-dessus de 38 centimètres, elles acquittent comme bois à ouvrer.
				29 Les fagots de toute espèce payent le droit entier. Tout parement ayant 16 centimètres de circonférence et au-dessus sera distrait du fagot et rangé pour la taxe dans la classe du bois dur ou du bois blanc ; le surplus sera imposable comme fagot.
				30 Le cubage servira de base pour établir la perception sur les chargements de charbon de bois, de bois à brûler et généralement de tous les bateaux, trains et voitures susceptibles d'être cubés.
				31 Le poussier de charbon de bois se compose de fragments ayant 3 centimètres au plus de longueur.
				32 La quantité de charbon de terre, coke et tourbe carbonisée contenue dans chaque bateau sera reconnue d'après le volume d'eau déplacé par le bateau (1).
				33 L'escarbille, les briquettes et tous les combustibles dans lesquels il entre des charbons de terre acquittent le droit entier.

Matériaux.

NUMÉRO des articles.	DÉSIGNATION DES OBJETS assujettis aux droits.	UNITÉ sur laquelle portent les droits.	DROITS D'OCTROI, décimes non compris.	DISPOSITIONS RÉGLEMENTAIRES.
37	Chaux grasse et chaux hydraulique.........	hectol.	1 15	34 La chaux grasse éteinte, la chaux hydraulique pulvérisée, le mortier dans lequel il entre de la chaux, la pierre à chaux et le poussier de cette pierre ne payent que demi-droit.
38	Ciment de toute espèce contenant de la chaux..............	100 kil.	» 90	
39	Plâtre.............	hectol.	» 35	35 La pierre à plâtre et le poussier de pierre à plâtre payent à raison de sept dixièmes de leur volume.
40	Moellons de toute espèce et meullère de toute dimension......	m. cube	» 50	36 La pierre dite *granit de Cherbourg* est, pour la perception, assimilée à la pierre de taille.
41	Pierre de taille, dalle et carreaux de pierre de toute espèce	Id.	2 »	37 Les déclarations devront indiquer le nombre des pièces de chaque
42	Marbre et granit....	Id.	15 »	

(1) La mesure du *charbon de terre* arrivant par eau se fait par la cubature de l'eau déplacée par le poids du charbon. La pesanteur spécifique d'un objet étant toujours égale à celle de l'eau déplacée par son immersion, il s'en suit que si l'on connaît le poids d'un hectolitre de charbon, le poids de l'hectolitre d'eau et le volume d'eau déplacé, on obtient le volume du charbon au moyen d'une simple règle de proportion.

NUMÉRO des articles.	DÉSIGNATION DES OBJETS assujettis aux droits.	UNITÉ sur laquelle portent les droits.	DROITS D'OCTROI, décimes non compris.		DISPOSITIONS RÉGLEMENTAIRES.
			fr. c.		
43	Poitrails, solives, pièces pour combles, marches d'escalier et autres pièces en fer ou en fonte façonnées pouvant entrer dans les constructions........ {en fer,	100 kil.	3 »		espèce, leurs dimensions et le poids total du fer et de la fonte composant chaque chargement.
	{en fonte.	Id.	2 »	38	En cas de mélange de fer et de fonte qui ne permettrait pas de faire des vérifications par nature de métal, le tout sera imposé comme fer.
44	Ardoises de grande dimension............	millier.	4 »	39	Les quantités arrivant par eau pourront être reconnues par le volume d'eau déplacé par le bateau.
45	Ardoises de petite dimension.............	Id.	2 50	40	La dimension des grandes ardoises est de 451 à 700 centimètres carrés de superficie. Celle des petites est de 450 centimètres et au-dessous. Les ardoises ayant une surface supérieure à 700 centimètres sont soumises au droit proportionnel.
46	Briques de dimension ordinaire............	Id.	5 75		
47	Tuiles de dimension ordinaire.............	Id.	7 »	41	Les dimensions de la brique ordinaire sont, au maximum, de 1,500 centimètres cubes. Celles de la tuile de 750 centimètres carrés, et du carreau, de 300 centimètres carrés.
48	Carreaux de dimension ordinaire........	Id.	4 75		
49	Briques, tuiles, carreaux de toute autre dimension, pots creux, mitres, tuyaux et poterie de toute espèce employés dans les constructions ou dans le jardinage............	100 kil.	0 25	42	Les briques, tuiles, carreaux, pots creux, mitres, tuyaux et poterie de toute espèce non cuits acquittent le droit entier.
				43	Les briques, tuiles et carreaux cassés ne payent que le demi-droit.
50	Argile, terre glaise et sable gras............	m. cube	» 60	44	Les briques et autres terres cuites pulvérisées, ainsi que les pouzzolanes ne contenant pas de chaux, sont exemptes des droits.

Bois à ouvrer, bateaux et bois de déchirage.

NUMÉRO des articles.	DÉSIGNATION DES OBJETS assujettis aux droits.	UNITÉ sur laquelle portent les droits.	DROITS D'OCTROI, décimes non compris.		DISPOSITIONS RÉGLEMENTAIRES.
51	Bois de chêne, châtaignier, orme, frêne, charme, noyer, mérisier, acacia, érable, prunier, pommier et autres d'essence dure, en grumes ou équarris, débités en sciage ou en fente, façonnés ou non.	stère.	9 40	45	Dans l'application du droit il est fait déduction de l'écorce.
				46	Il est accordé sur les longueurs, et suivant l'étendue du mal, pour malandres visibles et palpables, nœuds pourris et vermoulus, une déduction qui ne pourra excéder un mètre.
52	Bois de sapin, platane, peuplier, bouleau, aune, tilleul, saule, marronnier et autres d'essence tendre, en grumes ou équarris, débités en sciage ou en fente, façonnés ou non.	Id.	7 50	47	Tous les bois neufs ouvrés, plaqués ou non, ferrés ou non, sont soumis aux mêmes droits que les bois non travaillés. Ceux qui, par leur forme ou leur volume, offriraient des difficultés de mesurage, seront imposés dans la proportion de 900 kilogrammes pour un stère de bois dur, et de 600 kilogrammes pour un stère de bois blanc.
53	Lattes ou treillages..	100 bottes.	9 40		
54	Bateaux en chêne...	par bat.	24 »	48	Les bois de démolition ou autres ayant servi acquittent les mêmes

NUMÉRO des articles.	DÉSIGNATION DES OBJETS assujettis aux droits.	UNITÉ sur laquelle portent les droits.	DROITS D'OCTROI, décimes non compris.	DISPOSITIONS RÉGLEMENTAIRES.	
			fr. c.		
55	Bateaux de sapin...	par bat.	12 »		droits que les bois neufs, sous déduction des défectuosités qu'ils présenteront. Lorsque ces bois seront reconnus ne pouvoir être employés comme bois de travail, ils seront imposés comme bois de chauffage, suivant leur nature.
56	Bois de déchirage en chêne...............	m. carré	» 18		
57	Bois de déchirage en sapin...............	Id.	» 10		
				49	La botte de lattes se compose de 50 lattes de 1 mètre 30 centimètres de longueur et de 5 centimètres de largeur; la botte de treillage contient 70 mètres de longueur de treillage. Au-dessus de ces nombres et dimensions, le droit est proportionnel.
				50	Tout bateau faisant exception par la dimension à la toue ordinaire payera le droit par mètre carré.

Fourrages.

NUMÉRO des articles.	DÉSIGNATION DES OBJETS assujettis aux droits.	UNITÉ sur laquelle portent les droits.	DROITS D'OCTROI, décimes non compris.	DISPOSITIONS RÉGLEMENTAIRES.	
58	Foin, sainfoin, luzerne et autres fourrages secs...........	100 bottes de 5 kilog.	5 »	51	Le droit se perçoit sur le nombre total des bottes, sans aucune déduction ni tolérance.
59	Paille........... ...	Id	2 »	52	Les fourrages non bottelés payent le droit au poids, dans la proportion réglée ci-contre.
60	Avoine............	100 kil.	1 25		
61	Orge...............	Id.	1 60	53	Lorsque le poids des bottes excédera cinq kilogrammes, le droit sera perçu dans la proportion de l'excédant.
				54	Les foins et fourrages verts sont exempts du droit.
				55	L'avoine et l'orge en herbe acquittent séparément pour la quantité de grain et de paille.
				56	Les avoines et orges moulues acquittent comme en grain. L'orge mondé est exempt du droit.

Objets divers.

NUMÉRO des articles.	DÉSIGNATION DES OBJETS assujettis aux droits.	UNITÉ sur laquelle portent les droits.	DROITS D'OCTROI, décimes non compris.	DISPOSITIONS RÉGLEMENTAIRES.	
62	Fromages secs......	100 kil.	9 50	57	Les eaux salées payent le droit dans la proportion du sel qu'elles contiennent.
63	Sel gris ou blanc....	Id.	5 »		
64	Cire blanche, spermaceti raffiné ou pressé..................	Id.	28 »	58	Les filés de cire jaune ne sont soumis qu'au demi-droit.
65	Cire jaune et spermaceti brut...........	Id.	19 »		
66	Bougie stéarique, acides stéariques et margariques, et autres substances pouvant remplacer la cire.....	Id.	16 »		

NUMERO des articles.	DÉSIGNATION DES OBJETS assujettis aux droits.	UNITÉ sur laquelle portent les droits.	DROITS D'OCTROI, décimes non compris.	DISPOSITIONS RÉGLEMENTAIRES.
			fr. c.	
67	Suifs de toute espèce, bruts ou fondus sous toute forme ; vieux-oings et graisses de toute espèce non comestibles, sortant des abattoirs ou venant de l'extérieur............	100 kil.	6 »	59 Les suifs et graisses mélangés de toute autre substance, les chandelles, torches et lampions composés des mêmes mélanges, acquittent comme suif.
68	Glace à rafraîchir...	Id.	5 »	

DISPOSITIONS GÉNÉRALES.

Sont passibles des droits d'octroi tous les objets compris au présent tarif, récoltés, préparés ou fabriqués dans l'intérieur de Paris, conformément à l'article 11 de la loi du 27 frimaire an VIII et à l'article 36 de l'ordonnance royale du 9 décembre 1814.

Les droits d'octroi qui auraient été acquittés sur les matières employées dans les préparations ou fabrications, et dont le payement serait régulièrement justifié, seront précomptés sur les droits dus par les nouveaux produits confectionnés, mais sans que ce décompte puisse jamais donner lieu à remboursement d'aucune portion des droits payés à l'entrée, dans le cas où ils se trouveraient excéder ceux des nouveaux produits.

Tout mélange d'objets imposés avec des objets non compris au tarif ou d'objets assujettis à des droits différents donne lieu, dans le premier cas, au payement du droit sur le tout ; dans le second cas, à l'application, également sur le tout, du droit le plus élevé, sans préjudice de la saisie pour non déclaration de ces mélanges.

Pour tous les objets tarifés au poids, il est fait déduction de la tare des tonneaux, caisses, paniers ou vases qui les contiennent.

ÉTAT *général des produits de l'octroi de la ville de Paris,*
depuis 1801.

ANNÉES.	PRODUITS.	ANNÉES.	PRODUITS.
1801	10.936.416	1830	24.131.955
1802	10.741.691	1831	19.943.750
1803	12.095.632	1832	20.380.408
1804	19.047.894	1833	26.889.337
1805	20.212.586	1834	27.683.924
1806	19.858.361	1835	29.048.492
1807	18.858.610	1836	29.594.379
1808	20.813.346	1837	30.861.156
1809	19.984.982	1838	31.862.970
1810	20.431.416	1839	30.653.744
1811	21.016.982	1840	29.905.542
1812	20.550.954	1841	31.248.003
1813	19.050.920	1842	30.915.987
1814	18.074.972	1843	32.431.703
1815	18.152.121	1844	31.738.707
1816	20.650.748	1845	34.164.943
1817	18.560.036	1846	33.989.759
1818	20.843.682	1847	34.511.389
1819	24.073.968	1848	26.519.627
1820	26.142.585	1849	32.925.611
1821	25.976.891	1850	37.176.950
1822	27.203.936	1851	37.265.428
1823	27.523.746	1852	39.328.428
1824	29.286.755	1853	40.878.538
1825	30.588.196	1854	39.913.837
1826	30.102.261	1855	41.872.812
1827	28.225.550	1856	41.875.365
1828	27.991.427	1857	42.500.000
1829	25.496.688		

ÉTAT INDIQUANT :

1° Le montant des recettes et des dépenses, tant ordinaires qu'extraordinaires, des communes classées dans la catégorie des villes dont le revenu s'élève à 100,000 francs (Loi du 18 juillet 1837, art. 33);

2° Le produit brut de l'octroi ;

3° Le montant des frais de perception ;

4° Le chiffre de la population d'après le décret du 20 décembre 1856.

VILLES.	DÉPARTEMENTS.	POPULATION normale ou municipale		RECETTES ORDINAIRES.		DÉPENSES ORDINAIRES.	
		Totale.	agglomérée	fr.	c.	fr.	c.
Abbeville.....	Somme........	17,964	17,964	236,896	45	200,683	91
Agen.........	Lot-et-Garonne.	16,319	15,103	189,143	65	124,645	90
Aix..........	Bouch.-du-Rh..	23,346	17,030	447,985	27	403,304	55
Alais.........	Gard.........	18,963	15,624	156,223	80	124,339	37
Albi,........	Tarn.........	13,024	10,380	137,616	83	127,910	47
Alençon......	Orne.........	14,684	13,520	179,191	68	165,671	41
Amiens.......	Somme........	52,730	47,494	832,996	»	608,916	80
Angers.......	Maine-et-Loire.	45,635	41,105	564,104	»	391,138	08
Angoulême....	Charente......	20,848	20,283	300,313	49	194,979	69
Arles........	Bouch.-du-Rh.	22,791	14,750	288,557	50	244,543	41
Arras........	Pas-de-Calais..	21,984	21,984	403,973	91	280,957	76
Auxerre......	Yonne........	12,723	12,064	152,319	45	129,078	14
Auxonne......	Côté-d'Or.....	4,651	3,048	101,184	50	78,166	23
Avignon......	Vaucluse......	32,213	26,312	573,959	89	381,997	34
Avranches....	Manche.......	8,211	8,026	97.944	62	74,631	68
Bar-le-Duc....	Meuse........	13,373	13,334	138,781	25	120,441	71
Batignolles....	Seine........	43,302	43,302	479,506	04	231,103	10
Bayeux......	Calvados......	9,087	8,652	136,370	62	129,796	39
Bayonne......	Bass.-Pyrénées.	16,270	14,031	313,342	45	188,143	04
Beaucaire.....	Gard.........	10,589	9,694	150,394	32	126,634	54
Beaune......	Côte-d'Or.....	10,284	9,700	109,115	08	95,945	09
Beauvais......	Oise.........	12,567	12,567	227,209	45	200,191	28
Belleville.....	Seine........	56,833	56,833	392,726	51	201,078	30
Besançon.....	Doubs........	36,466	30,249	502,222	86	348,491	14
Béziers.......	Hérault.......	21,270	19,905	359,143	84	240,859	26
Blois........	Loir-et-Cher...	15,378	13,552	246,894	29	204,396	63
Bordeaux.....	Gironde......	140,601	157,538	3,088,834	38	2,300,951	99
Boulogne.....	Pas-de-Calais..	32,742	32,742	623,438	41	381,084	83
Bourges......	Cher.........	23,167	19,434	207,719	80	213,474	89
Brest........	Finistère......	41,512	41,512	553,698	18	408,095	49
Caen........	Calvados......	35,618	32,676	637,875	01	537,404	54
Cahors.......	Lot..........	12,000	9,955	122,956	64	88,488	70
Calais.......	Pas-de-Calais..	10,860	10,860	147,966	05	103,985	72

(1) Pour apprécier la situation financière normale d'une commmune, on doit recettes *extraordinaires*, elles proviennent , la plupart du temps, d'emprunts, porairement pour faire face à des dépenses extraordinaires et accidentelles. Les villes importantes ont d'ailleurs donné aux recettes et aux dépenses extraordi

(2) En divisant le produit de l'octroi par le chiffre de la population agglomérée,

(3) Prix de ferme.

(4) Traitement du préposé en chef.

(5) Traitement du préposé en chef.

RECETTES EXTRAORDINAIRES (¹).	DÉPENSES EXTRAORDINAIRES.	PRODUIT BRUT DE L'OCTROI (²).		FRAIS DE PERCEPTION.
		TAXES principales.	TAXES additionnelles.	
fr. c.	fr. c.	fr. c.	fr. c.	fr. c.
14,722 18	24,935 62	158,945 86	14,722 18	25,404 26
21,776 16	56,562 17	139,191 74	»	15,705 70
101,834 69	61,353 24	253,675 45	32,450 06	49,044 48
27,828 84	45,542 74	122,232 52	»	21,206 64
17,207 47	45,223 27	81,179 17	9,019 90	11,276 68
6,146 20	62,227 93	110,512 34	5,646 20	23,472 19
147,303 70	177,585 54	540,175 58	21,874 72	72,705 55
489,641 44	873,274 96	424,736 07	»	55,022 34
21,294 65	112,239 11	220,320 64	»	29,978 24
107,650 43	130,362 44	126,300 (³)	»	2,100 »(⁴)
18,664 17	119,350 23	235,445 45	»	33,000 »
36,052 15	55,785 41	89,709 48	»	12,875 »
»	12,355 53	39,186 02	»	7,338 43
49,815 36	250,969 94	358,779 60	»	32,678 04
3,670 60	28,504 65	53,334 43	»	9,692 22
105 »	16,869 08	107,530 27	»	11,640 92
29,158 32	67,631 11	332,229 75	»	30,712 68
» »	8,075 »	86,213 14	»	18,890 49
90 60	102,204 57	206,298 26	»	19,861 15
13,625 78	34,114 53	70,589 29	»	19,092 86
22,268 69	20,870 »	58,147 94	»	15,319 64
8,000 »	31,630 19	156,165 26	»	21,135 97
53,668 91	243,008 73	242,358 74	»	27,289 41
4,992 23	91,943 91	399,708 81	»	30,275 09
12,046 93	98,947 »	264,224 40	»	25,174 09
29,497 90	84,928 74	158,704 38	»	12,918 09
144,141 79	622,378 82	2,183,285 53	»	359,554 78
5,228 21	103,520 75	464,367 83	»	32,888 33
113,915 87	124,535 56	162,637 79	53,700 29	33,784 50
20,870 09	114,521 59	468,662 33	»	45,122 72
25,674 75	92,515 72	450,567 23	»	72,030 76
3,521 93	33,214 93	85,263 85	»	1,400 »(⁵)
14,389 74	55,582 71	108,031 83	5,000 »	10,544 11

comparer ses recettes *ordinaires* avec ses dépenses de même nature. Quant aux
d'impositions extraordinaires ou de taxes additionnelles à l'octroi, autorisées tem-
grands travaux entrepris depuis quelques années par un assez grand nombre de
naires des proportions inaccoutumées.
on obtient la part contributive moyenne de chaque habitant.

VILLES.	DÉPARTEMENTS.	POPULATION normale ou municipale		RECETTES ORDINAIRES.		DÉPENSES ORDINAIRES.	
		Totale.	agglomérée				
				fr.	c.	fr.	c.
Cambrai......	Nord.........	19,063	18,083	268,020	19	175,753	22
Carcassonne...	Aude.	18,028	15,053	193,008	61	154,080	95
Castres.......	Tarn.	19,385	14,144	173,962	39	147,171	42
Cette.........	Hérault.	19,416	18,917	243,342	99	202,146	88
Châlons-sur-M.	Marne........	14,016	14,009	265,052	18	234,558	94
Châlon-sur-S..	Saône-et-Loire.	18,961	18,666	205,455	95	176,164	33
Charleville....	Ardennes......	8,708	8,268	119,092	99	94,355	52
Chartres......	Eure-et-Loir...	16,816	16,497	238,723	04	208,372	05
Châteauroux...	Indre.	13,807	12,462	142,098	»	100,493	27
Cherbourg....	Manche.......	27,159	26,534	463,251	57	322,329	39
Clermont-Ferr.	Puy-de-Dôme..	34,458	30,025	435,396	46	320,521	»
Cognac.......	Charente.....	7,008	6,968	121,431	65	94,564	25
Colmar.......	Rhin (Haut-)..	18,902	17,575	251,789	44	225,311	24
Compiègne....	Oise..'........	9,159	8,767	177,564	41	146,214	11
Dieppe.......	Seine-Inférieure	18,226	17,806	307,928	07	219,853	42
Dijon.........	Côte-d'Or.....	29,761	28,567	417,262	67	278,798	29
Dôle.........	Jura.........	9,443	7,759	143,229	53	104,672	93
Douai........	Nord.........	18,777	17,443	375,643	02	228,604	95
Dunkerque....	Idem.........	26,531	26,132	348,989	64	254,750	24
Elbeuf.......	Seine-Inférieure	18,205	17,959	254,433	89	198,342	72
Epernay......	Marne........	9,182	8,930	111,275	20	89,614	98
Epinal.......	Vosges........	10,140	9,401	146,578	81	112,947	26
Evreux.......	Eure.........	10,615	7,970	129,147	»	112,421	»
Falaise.......	Calvados......	8,138	7,960	109,722	27	87,819	87
Fontenay.....	Vendée........	7,315	6,170	109,853	36	81,146	02
Fontainebleau.	Seine-et-Marne.	8,272	8,206	154,471	41	108,353	18
Gray.........	Saône (Haute-).	6,238	6,188	126,659	»	92,223	»
Grenelle......	Seine.........	14,650	14,650	110,930	63	63,928	71
Grenoble.....	Isère.........	27,184	25,299	494,941	03	400,318	14
Haguenau.....	Rhin (Bas-)....	9,176	7,123	178,078	52	153,059	86
La Chapelle...	Seine.........	33,346	33,346	152,929	08	76,127	50
Laon.........	Aisne.........	8,199	8,114	117,948	41	112,523	53
La Rochelle...	Charente-Infér.	14,157	14,157	249,277	77	208,620	38
Laval........	Mayenne......	19,292	17,975	178,208	51	141,910	03
La Villette....	Seine.........	30,270	30,270	155,700	»	148,879	»
Le Havre.....	Seine-Inférieure	62,468	61,205	1,562,890	23	1,236,932	11
Le Mans......	Sarthe........	31,162	27,845	346,563	94	264,158	09
Le Puy.......	Loire (Haute-).	14,428	14,230	137,511	35	118,093	79

(¹) Traitement du préposé en chef.

(²) La ville de Haguenau n'a pas d'octroi; mais elle possède des bois dont le pro

RECETTES EXTRAORDINAIRES.	DÉPENSES EXTRAORDINAIRES.	PRODUIT BRUT DE L'OCTROI		FRAIS DE PERCEPTION.
		TAXES principales.	TAXES additionnelles.	
fr. c.	fr. c.	fr. c.	fr. c.	fr. c.
50,992 22	21,736 75	172,496 71	»	21,515 65
29,675 83	5,760 »	142,493 15	»	18,769 87
17,942 46	56,408 02	119,207 31	11,913 39	15,368 52
26,309 17	54,326 10	132,552 70	»	20,299 13
23,872 55	44,879 52	161,808 54	»	26,766 36
»	37,137 50	138,322 38	»	22,678 19
»	15,633 95	70,755 93	»	8,649 53
11,357 37	74,673 93	102,253 84	»	18,799 22
23,362 64	55,847 63	107,092 32	»	17,093 88
132,025 67	240,820 22	368,402 47	»	42,070 »
73,675 21	215,875 70	282,000 »	»	57,000 »
75,783 40	73,243 95	77,083 62	»	12,084 55
94,951 25	71,072 55	48,765 86	»	8,076 80
11,347 50	31,046 56	91,060 71	»	14,3
55,162 79	137,107 77	172,846 16	13,908 84	24,178 12
4,792 97	62,046 28	318,019 87	»	44,597 66
»	21,532 59	85,423 90	»	11,999 06
»	72,368 83	275,876 49	»	30,342 98
222,614 80	293,516 83	234,619 97	»	41,287 80
29,672 02	42,938 24	170,888 87	»	24,844 73
1,419 59	14,962 50	82,434 27	»	13,650 45
58,370 30	50,848 09	43,694 64	»	11,434 06
124,875 »	441,601 »	74,500 »	»	13,955 »
14,916 55	44,672 79	60,900 »	»	1,200 »(1)
41,155 73	46,463 63	75,882 15	»	11,291 »
1,545 55	51,025 68	109,254 11	»	11,691 29
200 »	21,370 »	73,000 »	»	12,730 »
952 47	23,818 27	85,861 05	»	13,300 82
261,753 74	264,217 94	282,013 01	»	34,319 04
116,245 16	53,951 81	(2)	»	»
23,807 72	94,071 30	34,959 25	»	2,796 78
18,251 95	28,839 37	72,645 93	»	10,510 »
37,318 74	65,947 72	196,894 99	»	23,649 67
66,986 41	78,316 51	129,659 60	66,986 41	22,372 29
102,163 »	44,390 »	65,000 »	65,000 »	13,500 »
4,821,664 54	5,136,646 50	1,150,000 »	»	159,200 »
89,482 62	126,283 79	223,425 04	»	38,924 49
9,690 41	23,544 50	101,702 31	»	22,821 25

duit figure au dernier compte pour 149,992 francs.

10.

VILLES.	DÉPARTEMENTS.	POPULATION normale ou municipale		RECETTES ORDINAIRES.		DÉPENSES ORDINAIRES.	
		Totale.	agglomérée	fr.	c.	fr.	c.
Libourne.....	*Gironde*.......	12,263	10,269	108,652	»	115,153	»
Lille.........	*Nord*.........	71,286	71.286	1,209,685	14	844,115	55
Limoges.....	*Vienne (Haute-)*	42,095	37.302	618.162	06	456,833	83
Lisieux......	*Calvados.*	12,651	12 651	170,081	»	136,102	63
Lons-le-Saulnier	*Jura.*	8,250	8,250	108,136	66	73,429	43
Lorient........	*Morbihan.*	24,245	22,408	217,878	86	170,950	78
Louviers......	*Eure.*	10,197	9,457	107,945	»	102,628	»
Lunéville.....	*Meurthe*	11,969	11,869	161,583	83	137,211	87
Lyon.........	*Rhône.*	255,900	249,260	5,563,745	33	4,220,594	88
Mâcon........	*Saône-et-Loire.*	15,101	14,160	196,406	68	118,407	46
Marseille.....	*Bouches-du-Rh.*	215,196	185,649	5,166,660	80	3,794,575	65
Meaux........	*Seine-et-Marne.*	8,097	8,073	186,065	34	19,623	»
Melun........	*Idem.*	7.050	7,007	156,638	44	121,902	34
Metz.........	*Moselle.*	44,176	44,176	635,694	72	557,220	16
Montauban....	*Tarn-et-Garonn.*	23,565	16,492	273,861	26	200,559	19
Montmartre...	*Seine.*	36,287	34,206	297.308	»	246,550	39
Montpellier...	*Hérault*	40,577	38,053	823,297	»	575,444	»
Morlaix......	*Finistère.*	11,972	11.330	112,686	40	88,171	35
Moulins......	*Allier.*	16,391	15,675	195,009	33	161,717	25
Mulhouse.....	*Rhin (Haut-)*..	42,725	41,272	480,713	14	403,760	31
Nancy.......	*Meurthe..*	43,452	41,826	504,835	05	439,672	04
Nantes.......	*Loire-Inférieure*	101,049	95,028	1,412,991	81	1,391,556	01
Narbonne.....	*Aude.*	12,742	11,427	137,420	»	120,177	77
Neuilly.......	*Seine.*	23,147	23,147	255,671	83	200,881	91
Nevers.......	*Nièvre.*	16,082	15,430	249,698	07	197,861	»
Niort........	*Deux-Sèvres...*	18,136	17,525	308,528	35	262,917	44
Nimes.......	*Gard.*	49,291	47,213	928,429	62	679,448	33
Orléans.......	*Loiret.*	43,250	43,230	679,324	85	546,095	02
Paris.........	*Seine.*	1,130,488	1,130,488	65,110,958	30	40,906,405	56
Passy........	*Idem.*	16,436	12,922	206,029	07	101,524	70
Pau.........	*Pyrénées (Bass.)*	17,238	16,282	165,996	87	130,444	»
Périgueux....	*Dordogne*......	13,291	12,726	168,085	23	105,772	90
Perpignan....	*Pyrénées Orien.*	19,844	18,095	265,990	92	192,990	15
Poissy........	*Seine-et-Oise...*	3,318	2,862	174,448	99	40,697	39
Poitiers.......	*Vienne........*	26,233	24,723	398,545	35	338,662	10
Quimper.....	*Finistère......*	9,896	9,896	115,018	37	96,022	92
Rennes.......	*Ille-et-Vilaine..*	38,945	35,665	559,566	57	460,305	28

(1) Le produit de la taxe additionnelle sur les farines figure dans ce chiffre pour

(2) La commune de Poissy n'a pas d'octroi, mais le produit des *droits de place* au figurent au dernier compte pour **9,879 fr.**

RECETTES EXTRAORDINAIRES.		DÉPENSÉS EXTRAORDINAIRES.		PRODUIT BRUT DE L'OCTROI				FRAIS DE PERCEPTION.	
				TAXES principales.		TAXES additionnelles.			
fr.	c.	fr.	c.	fr.	c.	fr.	c.	fr.	c.
6,500	»	»		70,000	»	»		14,000	»
183,756	76	394,412	37	872,106	44	149,833	40	108,444	15
55,743	07	147,008	40	452,661	04	»		49,932	18
25,033	77	38,429	76	126,690	23	»		17,414	»
11,932	76	61,590	40	67,886	05	»		8,596	07
342	»	33,551	42	184,277	73	»		14,536	12
32,346	»	37,663	»	65,000	»	»		15,210	»
»		11,657	54	125,406	27	»		13,740	»
1,673,390	11	1,851,747	66	3,880,706	50	»		419,688	63
»		32,846	96	138,835	14	»		20,039	66
2,806,668	87	4,385,793	83	3,276,262	68	1,593,444	81(1)	557,645	26
125,951	28	191,508	73	105,000	»	»		11,500	»
24,147	95	60,996	28	112,000	»	»		13,500	»
106,281	80	193,907	7	411,957	89	105,981	80	50,382	51
32,331	38	108,384	47	210,320	87	»		22,150	88
»		44,630	93	180,000	»	»		25,400	»
594,236	»	842,399	78	576,000	»	»		64,460	»
»		24,415	33	65,000	»	»		9,200	»
5,927	50	33,391	53	144,010	12	»		26,624	17
126,225	88	166,289	»	247,155	24	»		26,304	48
100,208	08	199,919	67	295,728	08	53,134	83	45,000	»
238,735	16	430,556	79	1,098,838	04	»		197,719	18
8,114	45	23,752	70	110,000	»	»		10,420	»
38,634	37	26,300	»	170,793	94	10,202	56	23,309	80
458,557	54	369,635	65	170,682	72	6,898	11	24,979	96
364,523	11	276,480	88	253,950	14	79,177	66	36,166	41
50,778	28	275,869	56	619,224	71	»		64,483	92
66,591	95	236,503	15	480,000	»	»		93,951	»
2,284,934	»	26,489,486	74	38,250,000	»	4,250,000	»	2,686,251	»
112,648	98	111,848	64	150,527	12	»		14,458	31
201	»	46,795	95	111,859	54	»		12,607	82
11,216	33	54,030	65	116,221	91	»		15,901	19
2,728	»	35,043	97	171,418	87	»		21,585	18
2,000	»	91,246	36	(2)		»		»	
30,689	13	92,289	40	295,794	55	30,689	13	43,050	»
4,838	87	23,686	87	77,600	16	»		10,337	07
160,299	73	261,247	40	420,597	13	86,493	54	51,300	»

884,064 fr. 22 c.
marché aux bestiaux s'élève à 154,269 fr. Les frais de perception de ces droits

VILLES.	DÉPARTEMENTS.	POPULATION normale ou municipale.		RECETTES ORDINAIRES.		DÉPENSES ORDINAIRES.	
		Totale.	agglomérée	fr.	c.	fr.	c.
Reims........	Marne........	48,350	47,601	678,885	75	480,595	98
Riom........	Puy-de-Dôme..	10,078	8,750	99,858	41	70,818	98
Rive-de-Gier..	Loire........	14,720	14,312	118,956	61	109,145	39
Roanne........	Idem.	14,952	14,306	108,712	02	87,712	51
Rochefort.....	Charente-Infér.	21,372	19,594	285,233	04	221,876	36
Roubaix.....	Nord........	39,180	26,500	360,627	»	309,013	88
Rouen........	Seine-Inférieure	94,645	94,645	2,498,611	53	1,836,592	85
Saintes........	Charente-Infér.	10,664	8,199	149,323	27	135,406	97
Saint-Brieuc..	Côtes-du-Nord.	12,869	10,764	114,607	60	98,290	69
Saint-Denis...	Seine........	14,325	14,155	159,433	37	106,648	97
Saint Etienne..	Loire........	91,933	78,648	1,415,057	»	1,045,229	»
Saint-Germain.	Seine-et-Oise...	11,333	11,218	213,987	01	117,658	90
Saint-Lô......	Manche........	8,889	8,654	130,891	98	75,448	78
Saint-Omer...	Pas-de-Calais..	19,796	19,193	255,066	58	208,740	47
Saint-Quentin.	Aisne........	26,887	26,128	321,320	16	222,752	03
Saumur......	Maine-et-Loire.	13,073	11,674	221,578	05	167,817	04
Schlestadt.....	Rhin (Bas-)...	9,086	8,664	205,132	41	177,870	59
Sedan........	Ardennes......	13,304	13,024	215,303	66	228.002	01
Sens.........	Yonne........	9,869	9,836	120,191	10	82,408	48
Soissons.....	Aisne........	7,875	7,636	180,242	44	170,545	85
Strasbourg....	Rhin (Bas-)...	65,120	54,187	1,237,067	32	1,110,152	28
Tarascon......	Bouches-du-Rh.	11,942	9,092	129,258	90	96,657	93
Tarbes........	Pyrénées (H.-).	13,120	13,066	163,638	03	100,759	27
Toulon........	Var..........	47,075	41,748	1,102,080	39	811.062	95
Toulouse.....	Garonne (H.-).	92,223	83.499	1,658,419	12	1,410,286	23
Tourcoing....	Nord........	29,515	19.860	252.899	77	221,918	42
Tours........	Indre-et-Loire.	33,204	32,700	422,533	96	392,760	41
Troyes........	Aube........	30,966	30,966	237,129	71	266.917	50
Valence......	Drôme........	14,514	11.899	212,396	10	166.580	09
Valenciennes.	Nord........	20,905	18,408	392.731	90	240,915	68
Vannes........	Morbihan.....	12,466	10,573	133,095	19	107,692	76
Vaugirard....	Seine........	25,355	25,355	171.034	39	125 983	»
Verdun........	Meuse........	9,845	9,703	122,774	51	99,176	86
Versailles.....	Seine-et-Oise..	29,956	29,602	808.000	90	672,748	08
Vienne........	Isère........	18,454	14,983	190,727	04	120,068	57
Vitry-le-Franç.	Marne........	7,151	6,619	108,064	33	104,479	33

(1) Traitement du préposé en chef.
(2) La ville de Schlestadt n'a pas d'octroi, mais elle possède des bois, dont le pro
(3) Traitement du préposé en chef.
(4) Idem.

RECETTES EXTRAORDINAIRES	DÉPENSES EXTRAORDINAIRES.	PRODUIT BRUT DE L'OCTROI		FRAIS DE PERCEPTION.
		TAXES principales.	TAXES additionnelles.	
fr. c.	fr. c.	fr. c.	fr. c.	fr. c.
154.499 93	177,339 57	443 656 52	36,506 23	67.296 35
13,503 96	18,826 39	53,521 47	»	11,199 37
17 444 20	23,822 89	83,329 »	»	18 500 »
16.208 58	30,258 58	70,365 51	4.846 02	14.999 74
44,461 11	57,862 53	210,401 15	32,383 60	23,437 39
110,009 17	158 517 07	255.000 »	»	22,350 »
648.062 05	913,454 25	4,837,878 93	»	279.741 97
30,304 59	43,185 55	85,093 70	»	14.600 »
20,414 71	28,358 89	82,827 81	»	7,080 »
45,974 30	45,554 70	90,054 30	»	17,143 44
241.525 »	514,337 50	1,080.000 »	»	140.000 »
10,207 21	73,092 56	120.200 »	»	1,500 »(¹)
59,352 45	113,323 36	65,873 42	»	8.656 55
24,484 72	17,275 12	189,707 45	»	21,089 81
489 049 22	164,402 32	204,534 34	»	49 736 76
5,000 »	53,369 60	183,602 03	»	30,178 39
2,088 90	23.472 26	(²)	»	»
50,574 04	12,255 »	146,691 93	»	19,348 68
120,778 59	100,040 25	65,855 33	»	12,910 31
17,156 80	26,824 30	83,000 »	»	12,500 »
318,513 43	226,904 94	653,731 61	»	67,194 11
30,451 85	77,823 64	97,300 »	»	1,200 »(³)
20,160 14	61,256 28	123,102 84	»	16,563 79
759 35	48,677 14	832,582 81	»	131,278 66
130,475 06	387,111 94	1,255,846 93	»	178,478 03
67.787 43	55.638 18	187,062 03	17,709 07	20,831 87
91,263 92	134,036 95	308,970 15	24,757 62	46.800 »
193,752 78	230,108 69	115,422 60	79,123 18	28,613 14
98,890 81	136,973 »	154,019 37	»	28.771 69
»	78,166 14	278.580 35	»	39,309 57
7.483 36	28,885 95	105,059 92	»	11,879 33
42,570 59	50.859 19	118,775 71	»	20,737 40
151 55	30,793 58	81,605 77	»	12,048 84
113,656 81	190,070 87	612,398 03	26,694 31	108.990 87
24,029 75	77,883 10	437,500 »	»	1,800 »(⁴)
4,710 »	8,405 »	62,500 »	»	12,540 »

duit figure au dernier compte pour 95,335 fr.

TABLE

ALPHABÉTIQUE ET ANALYTIQUE

DES MATIÈRES.

—

A.

ABONNEMENT AVEC LA RÉGIE DES CONTRIBUTIONS INDI-RECTES, 52. — Il a pour effet de mettre la perception entre les mains des employés de cette régie, 52. — Les maires conservent le droit de surveillance sur les préposés, et celui de transiger sur les contraventions, 52. — Durée des traités, 53. — Modèle de traité, 105.

ABONNEMENTS.
Voir *Octrois par abonnement.*

ADJUDICATAIRES. On ne doit admettre aux enchères que des personnes d'une moralité, d'une solvabilité et d'une capacité reconnues, 114. — Aucune personne attachée à l'administration ne peut être ni adjudicataire, ni associée de l'adjudicataire, 114. — L'adjudicataire ne peut changer le placement des bureaux de perception, ni en diminuer le nombre qu'en vertu d'un décret, 115. — Toute perception non autorisée par le tarif est réputée concussion, et punie comme telle, 115. — Objets assujettis aux droits pendant la durée du bail, 116. — Comptes de clerc à maître, 116. — Transactions, 117. — Saisies, 118. — Devoir de l'adjudicataire, 119. — Préposés et employés, 120. — Versement du prix de l'adjudication entre les mains du receveur, 121. — Inventaire des bâtiments, meubles, effets et ustensiles employés à la perception de l'octroi, 122. — Cautionnement des adjudicataires, 123. — Charges de l'adjudicataire, 124. — Résiliment du bail, 125. — Bordereaux de recettes et de dépenses, 125. — Contestations entre la commune et l'adjudicataire, 126. — Absence ou décès de l'adjudicataire, 128.

ADMINISTRATION ET GESTION. Les Conseils municipaux décident si le mode de perception sera la régie simple, la régie intéressée, le bail à ferme ou l'abonnement avec l'administration des contributions indirectes.

Voir ces mots.

ALCOOLS. La loi du 22 juin 1854 ne s'étend pas aux alcools, 18. — Limite dans laquelle la taxe doit être renfermée, 19. — Surtaxes, 19. — Elles ne peuvent être autorisées que par une loi spéciale, pour des besoins urgents et exceptionnels, 19. — Inconvénients des surtaxes, 19.

ALCOOLS DÉNATURÉS, 19. — Sont frappés d'un droit général de dénaturation, 20. — Division en quatre classes, 20. — Tarif maximum des droits d'octroi à percevoir, par hectolitre, sur toute préparation alcoolique dite alcool dénaturé, 21.

ARRESTATION DES FRAUDEURS, 35.

AVANCES POUR FRAIS JUDICIAIRES, 69.

B.

BAIL A FERME, 49. — Avantages et inconvénients de ce système, 49, 50. — Stipulations du cahier des charges, 51. — Les adjudications ne peuvent excéder trois ans, 51. — Elles sont faites aux enchères publiques, à l'extinction des bougies, au plus offrant et dernier enchérisseur , 51. — L'adjudicataire ne peut transférer son droit au bail sans le consentement de l'autorité locale , 51. — Cautionnements , 52. — Le prix du bail est payé de mois en mois et d'avance, 52. — Interruption dans la perception des droits d'octroi, 52.

Voir *Adjudicataires*.

BANLIEUE. Les Conseils municipaux peuvent étendre les perceptions sur les banlieues autour des grandes villes, 28.

Voir *Octrois de banlieue*.

BATIMENTS DE L'ÉTAT (Consommations faites à bord des), 26.

BESTIAUX. Les droits sur les bestiaux doivent être établis à raison du poids des animaux et perçus au kilogramme , 12. — Ils peuvent rester fixés par tête pour les octrois où la taxe sur les bœufs n'excède pas huit francs, 12. — La viande par quartiers ne peut être soumise à un droit supérieur aux droits d'abattoir et d'octroi, 12. — Elle jouit même ordinairement de certains ménagements , 12. — Règle à observer pour l'établissement du droit sur la viande dépecée, 13.

BIÈRES. La loi qui impose aux villes l'obligation de ne pas élever leurs taxes d'octroi sur les boissons au delà du double des droits d'entrée perçus par le Trésor, ne s'applique pas aux bières, 21. — Bières fortes et petites bières, 22. — Il est utile de réunir les deux espèces de bière sous une taxe unique, 22.

BOIS, 23. — Distinctions à établir, 24. — Bois de chêne, 24.— Bois blancs , 24. — Bois de service, 24. — Bois morts, 25. — Bois de construction employés aux constructions navales, 26.

BOISSONS.

Voir *Vins, Cidres, Poirés, Hydromels, Alcools*.

BONBONS , DRAGÉES , CHOCOLAT, 25.

BORDEREAUX DE RECETTES ET DE DÉPENSES, 59, 125.

BUDGETS.
Voir *Instruction*.

BUREAUX D'OCTROI, 29, 115.

C.

CAFÉS, 25.

CAHIER DES CHARGES, 51.

CAISSE DES DÉPOTS ET CONSIGNATIONS.
Voir *Pensions de retraite des employés*.

CARNET A TENIR PAR LES PRÉPOSÉS, 104.

CAUTIONNEMENTS, 52, 57, 123.

CHAMBRES DE COMMERCE. Doivent être consultées sur la fixation des droits de magasinage dans les entrepôts, 10.

CHARBONS. On doit distinguer entre ceux qui servent à la consommation domestique et ceux qui servent à des usages industriels, 11. — Jurisprudence du Conseil d'Etat, 11. — Moyen employé pour constater la destination des charbons, 12. — Charbons employés dans les gares de chemins de fer, 12.

CHAUSSURES, 24.

CHAUX, 24.

CIDRES.

Voir *Vins, Cidres, Poirés, Hydromels.*

COMPTABILITÉ. Les registres employés pour la perception sont fournis par la régie des contributions indirectes, 61. — Timbre des expéditions, 61. — Registres servant à la perception des droits d'entrée sur les boissons, 61. — Perception des droits, 62. — Opérations des receveurs, 62. — Pièces à produire à l'appui des comptes, 62, 95. — Traitement des employés, 62. — Remises proportionnelles, 63. — Dépenses accessoires et imprévues, 63. — Délivrance des mandats, 63. — Apurement des comptes des receveurs, 63. — Remises sur les droits d'entrée, 63, 64. — Centralisation dans la caisse des receveurs municipaux des sommes perçues par les receveurs buralistes, 65. — Livres à tenir par les receveurs, 65. — Livre de détail, 66, 101. — Consignations sur passe-debout, 67. — Saisies et amendes pour contraventions aux droits d'octroi, 68. — Produit des ventes faites dans les entrepôts, 69. — Avances de frais judiciaires, 69. — Carnet à tenir par les préposés, 104.

CONSEILS MUNICIPAUX. Ils désignent les objets à imposer, et délibèrent sur le tarif, le mode et les limites de la perception, 4, 28. — Peuvent délibérer sans autorisation préalable, 7.

CONSIGNATIONS SUR PASSE-DEBOUT, 67.

CONSOMMATION LOCALE, 10. — Jurisprudence de la Cour de cassation, 10.

CONSTRUCTIONS MOBILES D'ARTILLERIE, 26.

CONTENTIEUX. Les contraventions sont constatées par des procès-verbaux dressés à la requête du maire et affirmés devant le juge de paix ou son suppléant dans les vingt-quatre heures, 44. — Énonciations que les procès-verbaux doivent contenir, 44. — Signification, 45. — Saisies et confiscations, 45. — Vente des objets saisis, 45. — Responsabilité des pères, mères ou tuteurs, 46. — Des propriétaires ou principaux locataires, 46. — Compétence du tribunal correctionnel, 46. — Transactions, 46. — Saisies opérées dans l'intérêt commun des droits d'octroi et des droits imposés au profit du Trésor, 46. — Contestations sur l'application du tarif, 47. — Contraintes, 47.

CONTESTATIONS SUR L'APPLICATION DU TARIF, 47.

CONTRAVENTIONS, 44.

CONTRIBUTION PERSONNELLE ET MOBILIÈRE.
Voir *Exemption de la contribution personnelle et mobilière.*

COPEAUX, 25.

COURRIERS, 41.

CRÉDITS accordés à Paris aux marchands de bois, 31.

CRISTAUX, 24.

D.

DÉCLARATIONS, 30.

DÉGUSTATION DES BOISSONS, 33.

E.

EMPLOYÉS.
Voir *Personnel, Comptabilité, Pensions.*

ENTREPOT, 38. — Il est fictif ou réel, 38. — Le règlement doit déterminer les objets pour lesquels l'entrepôt est accordé, 42. — Les Conseils municipaux ne peuvent exclure de l'entrepôt que les articles du tarif qui ne donnent pas lieu à la franchise des droits pour cause de réexportation, 42. — Conditions à remplir pour obtenir l'entrepôt, 43. — La durée de l'entrepôt est illimitée, 44. — Compte d'entrée et de sortie des marchandises entreposées, 44. — Surveillance des préposés en chef, 59.

ESCORTE, 40. — Simplifie les vérifications, 40. — Ce moyen doit être employé toutes les fois qu'il est praticable, 40.

ÉTABLISSEMENT DES OCTROIS. Lorsque les revenus ordinaires d'une commune sont insuffisants pour subvenir à ses dépenses de même nature, il peut être établi, sur la demande du Conseil municipal et par décret, un droit d'octroi sur les consommations, 4. — Il est d'usage de n'autoriser la création d'un octroi que dans les communes renfermant au moins 4,000 habitants, 4. — Et lorsque les communes font déjà usage des ressources spéciales que la loi met à leur disposition, 5. — Les octrois ne peuvent être établis d'office, 6.

ÉTAT des produits de l'octroi de la ville de Paris, depuis 1801, 140.

ÉTAT indiquant : 1° le montant des recettes et des dépenses, tant ordinaires qu'extraordinaires, des communes classées dans la catégorie des villes dont le revenu s'élève à 100,000 francs ; 2° le produit brut de l'octroi ; 3° le montant des frais de perception ; 4° le chiffre de la population, d'après le décret du 20 décembre 1856, 141.

EXEMPTION DE LA CONTRIBUTION PERSONNELLE ET MOBILIÈRE. Le contingent personnel et mobilier peut être payé, en tout ou en partie, par les caisses municipales, 55. — La délibération du Conseil municipal doit être approuvée par un décret, 55.

F.

FARINES, 9.

FOURRAGES. La taxe qui atteint le fourrage vert et le fourrage sec doit être relative, 25. — Avoine, 25. — Paille, 25. — Foin, 26.

FRAUDEURS, 36.

FRUITS A CIDRE ET A POIRÉ, 18.

FUTAILLES, 25.

G.

GESTION DES OCTROIS.
Voir *Administration et gestion.*

H.

HOUILLES, 10.

HUILES. La taxe sur les huiles est déterminée suivant leur qualité ou leur emploi, 22. — Huiles parfumées ou altérées, 23. — Huiles essentielles, 23. — Huiles d'olive et d'œillette, 23.

HYDROMELS.
Voir *Vins, Cidres, Poirés, Hydromels.*

I.

INSTRUCTION. Le ministre de l'intérieur autorise, en principe, la création des octrois et les changements aux tarifs et aux règlements en vigueur, 89. — Le ministre des finances examine les tarifs et les règlements projetés, 89. — La priorité d'examen appartient au ministre de l'intérieur, 90. — La section de l'intérieur et la section des finances du Conseil d'Etat sont consultées, 90. — Il est statué définitivement par un décret, 90. — Pièces à produire, 90. — Tableau de la situation financière, 90. — Budgets, 91. — Résumé des propositions municipales, 91. — Plan de la commune, 92. — Avis du directeur des contributions indirectes, 90. — Nécessité de soumettre en temps utile, à l'administration supérieure, les demandes en autorisation de proroger ou de reviser les tarifs et les règlements, 92.

INVENTAIRE des bâtiments, meubles, effets et ustensiles employés à la perception de l'octroi, 122.

J.

JUSTIFICATIONS à produire par les receveurs des communes, à l'appui de leurs comptes de gestion, 95.

L.

LÉGISLATION, 2, 3.

LITRES, BOUTEILLES, 18, 24.

LIVRE DE DÉTAIL, 66. Modèle, 101.

M.

MATÉRIAUX, 24.

MÉDICAMENTS, 26.

MERRAINS, 25.

MODIFICATIONS AUX TARIFS ET AUX RÈGLEMENTS. Le gouvernement peut faire subir aux règlements et aux tarifs les modifications nécessaires pour les mettre en harmonie avec les règlements sur la matière, 5. — Il peut restreindre les taxes votées, mais ne peut en introduire de nouvelles au tarif, 5.

Voir *Tarifs, Règlements.*

MORUES, MERLUCHES, STOCKFISCHS, 23.

O.

OCTROIS DE BANLIEUE, 87. — La loi du 28 avril 1816 autorise des perceptions d'octroi dans les banlieues, autour des grandes villes, au profit des communes qui composent la banlieue, 87. — Le Conseil municipal doit être appelé à délibérer, 87. — Octroi de banlieue sur les communes du département de la Seine, 87. — Destination du produit de cet octroi, 87. — Allocation de secours sur le fonds de réserve, 88.

OCTROIS PAR ABONNEMENT. Les villes peuvent consentir des abonnements avec une corporation entière, 53. — Ces abonnements ne sont autorisés que lorsque des difficultés réelles s'opposent aux perceptions à l'effectif, 54. — Ils doivent être approuvés par le ministre des finances, 54. — La durée de l'abonnement ne peut dépasser trois ans, 54. — Modèle de traité, 109.

OPPOSITION A L'EXERCICE DES FONCTIONS DES PRÉPOSÉS, 47.

ORIGINE DES TAXES DE CONSOMMATION, 1.

OSIERS, 24.

P.

PASSE-DEBOUT, 37. — Formalités, 38. — Substitutions et altérations, 38. — Peut être converti en transit, 39.

PENDULES, 24.

PENSIONS DE RETRAITE DES EMPLOYÉS. La formation des caisses de retraite doit être délibérée par les Conseils municipaux, 76. — Dispositions empruntées au décret du 4 juillet 1806, 70.

— Caisse obligatoire d'épargne et de prévoyance, 71. — Avantages et inconvénients de ce système, 72, 74. — Modèle de règlement, 71. — Lorsque les villes en ont fait la demande, les pensions des employés des octrois peuvent être réglées conformément aux dispositions de l'ordonnance du 12 janvier 1825, 75. — Conditions d'admission à la retraite, 75. — Fixation et liquidation des pensions, 76. — Veuves et enfants, 77. — Pensions des préposés en chef, 79. — Obligations des fermiers, 79. — Caisse des dépôts et consignations, 80. — Payement des retraites ou pensions, 82. — Opérations des receveurs, 81. — Les préfets sont compétents pour approuver les liquidations de pensions, 82. — Mais c'est à l'autorité centrale qu'il appartient d'homologuer la création des caisses de retraite, 82. — Pièces à produire à l'appui des demandes de liquidation de pensions, 83.

PERCEPTION. Elle se fait sous la surveillance du maire, du sous-préfet et du préfet, 4.

PERSONNEL. Lorsque les produits annuels s'élèvent à 20,000 francs, il peut être établi un préposé en chef, 56. — Il est nommé par le préfet, 56. — Le préposé en chef doit suivre toutes les opérations de l'administration des octrois, 58, 59. — Il doit dresser tous les états et bordereaux de recettes et de dépenses aux époques déterminées, 60. — Nomination des autres employés, 56. — Les préposés comptables sont tenus de fournir un cautionnement, 57. — Le port d'armes est accordé aux préposés de l'octroi dans l'exercice de leurs fonctions, 57. — Les préposés ne peuvent ni faire le commerce des objets tarifés ni s'intéresser à ce commerce, 57. — Agents des contributions indirectes, 58. — Les préposés de l'octroi sont placés sous la protection de l'autorité publique, 58. — Traitement des employés, 62, 120.

Voir *Pensions de retraite.*

PIÈCES A PRODUIRE.

Voir *Instruction.*

PIQUETTES. Exemption du droit, 15.

POIRÉS.

Voir *Vins, Cidres, Poirés.*

POMMES ET POIRES, 26.

PORCELAINES, 24.

POUDRE A FEU, 26.

PRÉLÈVEMENT DE DIX POUR CENT AU PROFIT DU TRÉSOR. A été supprimé en 1852, 53.

PRÉPOSÉS EN CHEF.

Voir *Personnel, Pensions.*

PROCÈS-VERBAUX, 44.

PROPRIÉTAIRES DE BESTIAUX, 41.

R.

RAISINS DE TABLE, 26.

RECEVEURS MUNICIPAUX.

Voir *Comptabilité, Pensions de retraite, Pièces justificatives à produire à l'appui des comptes de gestion.*

RÉGIE INTÉRESSÉE. En quoi elle consiste, 48. — Partage des bénéfices, 48. — Ce système n'est propre qu'aux grandes villes, 49.

RÉGIE SIMPLE. En quoi elle consiste, 48.

REGISTRES, 61.

RÈGLEMENTS. Les Conseils municipaux fixent les limités de la perception, 28. — Ils peuvent étendre les perceptions sur les banlieues autour des grandes villes, 28. — Préparation et vote des règlements, 28. — Les règlements ne peuvent contenir aucune disposition contraire aux lois et règlements concernant les droits du trésor, 29. — Les limites du territoire sont indiquées par des poteaux, 29. — Les tarifs et les règlements sont affichés à l'intérieur et à l'extérieur des bureaux, 29. — Ouverture des bureaux, 29.— Déclarations à faire par les porteurs ou conducteurs d'objets assujettis aux droits, 29. — Recherches, visites et vérifications des préposés, 30. — La perception doit être effectuée au comptant, 31. — Exception en faveur des propriétaires récoltants de vins, de cidres ou de poirés, 31. — Crédits accordés à Paris aux marchands de bois, 31. — Il est défendu aux employés de faire usage de la sonde dans la visite des malles, caisses et ballots annoncés contenir des étoffes, linges et autres objets susceptibles d'être endommagés, 33. — Ils ne peuvent extraire des vases qui contiennent des liquides que les quantités rigoureusement nécessaires pour en faire la vérification, 33, 34. — Difficultés par rapport au mesurage, pesage et jaugeage, 32. — Fausses déclarations, 30. — Ustensiles ou moyens disposés pour la fraude, 34. — Arrestation des porteurs ou conducteurs, 34. — Visites à domicile, 35. — Lorsque le règlement a prévu le cas, les boissons que l'on tenterait de soustraire aux droits peuvent être vinaigrées, 36. — Huiles dénaturées en présence des employés, 36. — Arrestation des fraudeurs, 36. — Cautions, 36. — Déclarations des personnes qui récoltent, préparent ou fabriquent dans l'intérieur du rayon des objets compris au tarif, 37. — Passe-debout, 37. — Transit, 39. — Entrepôt, 38. Escorte, 40. — Visite des malles et effets des personnes voyageant en voiture particulière suspendue, 41. — Individus voyageant à pied ou à cheval, 41. — Propriétaires de bestiaux, 42.

RELEVÉ DES RECETTES ET DES DÉPENSES ordinaires et extraordinaires, d'après les trois derniers comptes et le budget de l'exercice courant, 90. — Modèle, 100.

REMISES SUR LES DROITS D'ENTRÉE, 63, 64.

RESPONSABILITÉ des pères, mères et tuteurs, 46. — Des propriétaires et principaux locataires, 46.

RÉSUMÉ DES PROPOSITIONS MUNICIPALES, 91. — Comment il doit être établi, 91. — Indications qu'il doit contenir, 91. — Modèles, 98, 99.

RETRAITES.

Voir *Pensions de retraites*.

RÉVISION DES TARIFS ET DES RÈGLEMENTS. Doit être approuvée par décret, 5.

RONCES, 24.

S.

SABOTS, 34.

SAISIES ET AMENDES POUR CONTRAVENTIONS, 45, 46, 68, 118.

SECOURS sur le fonds de réserve de l'octroi de banlieue du département de la Seine.

Voir *Octrois de banlieue*.

SITUATION FINANCIÈRE (État de la).

Voir *Instruction*.

SONDE, 32.

SUBSTITUTIONS ET ALTÉRATIONS, 38.

SUCRES, 25.

SUPPRESSION DES OCTROIS en 1791, 2. — Rétablissement, 2.

SURTAXES.

Voir *Vins, Cidres, Poirés, Hydromels, Alcools*.

T.

TARIFS. Doivent être approuvés par un décret, 6.

Voir *Taxes*.

TARIF DE L'OCTROI DE LA VILLE DE PARIS, 132.

TAXES. Doivent être en rapport avec la valeur vénale des objets, 6. — Les objets portés aux tarifs doivent, autant que possible, être taxés au même droit dans les communes d'une même population, 6. — L'octroi ne peut tendre à isoler une commune par ses prohibitions, 7. — Divisions établies par le décret du 17 mai 1809 et l'ordonnance du 9 décembre 1814, 8. — Jurisprudence de la Cour de cassation, 9, 10. — Appréciation de l'autorité supérieure, 11. — La loi s'oppose formellement à ce que certains individus soient exemptés de la taxe, 26. — Exemptions en faveur de certains objets, 26.

Voir Alcools, Bestiaux, Bières, Bois, Bonbons, Dragées, Chocolat, Charbons, Chaussures, Chaux, Cidres, Constructions mobiles d'artillerie, Copeaux, Cristaux, Farines, Fourrages, Fruits à cidre et à poiré, Futailles, Houilles, Huiles, Hydromels, Matériaux, Merrains, Médicaments, Morues, Merluches et Stockfishs, Osiers, Pendules, Piquettes, Poirés, Pommes et Poires, Porcelaines, Poudre à feu, Raisins de table, Ronces, Sabots, Sucres, Vins.

TAXES ADDITIONNELLES. Elles peuvent servir, dans des cas urgents et exceptionnels, à payer des dépenses extraordinaires, 5, 85. — Leur durée, essentiellement temporaire, est ordinairement limitée à cinq ou six ans, 5, 85. — Elles ne peuvent être autorisées que lorsque les communes ont fait usage de toutes leurs autres ressources, 85. — Le produit des taxes doit être strictement proportionné au montant des sommes rigoureusement nécessaires, 85. — Il doit figurer parmi les recettes extraordinaires du budget, 85. — Justifications à produire pour l'administration municipale, 86.

Voir *Taxes principales*.

TAXES PRINCIPALES. Elles constituent un revenu permanent, 4. — Elles doivent servir à équilibrer le budget et non à payer des dépenses extraordinaires, 4. — Leur durée est ordinairement limitée à dix années, 5.

Voir *Taxes additionnelles.*

TIMBRE DES EXPÉDITIONS, 61.

TRANSACTIONS, 46, 49, 117.

TRANSIT, 37. — Sa durée, 39. — Prolongation, 39. — Objets amenés aux foires et marchés, 39.

U.

USTENSILES PRÉPARÉS POUR LA FRAUDE, 34.

V.

VENTE DES OBJETS SAISIS, 45.

VENTES FAITES DANS LES ENTREPOTS, 69.

VÉRIFICATIONS, 30, 34.
Voir *Règlements.*

VINS, CIDRES, POIRÉS, HYDROMELS. Droits sur ces boissons, 13. — Ils ne pouvaient, antérieurement à la loi du 22 juin 1854, excéder les droits qui sont perçus aux entrées des villes au profit du Trésor, 14. — Ils peuvent maintenant atteindre le double de ces droits, 15. — Quotité de ces droits dans les communes qui ne sont pas soumises aux droits d'entrée sur les boissons, 16. — Tarif des droits d'entrée sur les vins, cidres, poirés et hydromels, 16. — Tableau des départements de la France divisés en quatre classes pour la perception des droits de circulation et d'entrée sur les boissons, 17. — Motifs de ce classement, 16. — Taxe des vins d'après leur force alcoolique, 17. — Surtaxes, 13. — Inconvénients des surtaxes, 14. — Ne peuvent être autorisées que par une loi spéciale, dans des cas particuliers et rares, 17. — Vins en cercles, en litres et en bouteilles, 18.

VISITES A DOMICILE, 35.

VOITURES A DOUBLE FOND, 35.

VOITURES ET TRANSPORTS MILITAIRES, 41.

VOIES DE FAIT, 41.

FIN DE LA TABLE.

TYPOGRAPHIE HENNUYER, RUE DU BOULEVARD, 7. BATIGNOLLES.
Boulevard extérieur de Paris.

9 782329 808024